Duilleoga Tae

Seán Mac Mathúna

Seán Mac Mathúna

Duilleoga Tae

Dráma Trí Ghníomh

ARLEN
HOUSE

Duilleoga Tae

Foilsithe i 2015 ag
ARLEN HOUSE
42 Grange Abbey Road
Baldoyle
Dublin 13
Ireland
Fón/Facs: 00 353 86 8207617
Ríomhphost: arlenhouse@gmail.com
arlenhouse.blogspot.com

Dáileoirí idirnáisiúnta
SYRACUSE UNIVERSITY PRESS
621 Skytop Road, Suite 110
Syracuse, NY 13244–5290
Fón: 315–443–5534/Facs: 315–443–5545
Ríomhphost: supress@syr.edu
www.syracuseuniversitypress.syr.edu

ISBN 978–1–85132–129–2, bog
ISBN 978–1–85132–151–3, crua

Clóchur ¦ Arlen House

Tá Arlen House buíoch de
Chlár na Leabhar Gaeilge
agus d'Fhoras na Gaeilge

Foras na Gaeilge

CLÁR

Brian Ó Conchubhair

Duilleoga Tae: Dráma Chogadh na Cathartha

Seán Mac Mathúna

Rugadh an t-údar Seán Mac Mathúna ar an 17 Meán Fómhair 1936 ag uimhir 2–3, Sráid na Trá, i dTrá Lí, Co. Chiarraí. Meiriceánach ab ea a mháthair Juliette Foley a rugadh i 1904 agus a tógadh ar Shráid Varick, Nua-Eabhrac. Tháinig sí chun cónaithe i bParóiste na Tuaithe, idir Cill Airne agus Cill Orglan, i gCiarraí sa bhliain 1912.[1] Phós sí Daniel Joseph (Joe) McMahon, a rugadh sa bhliain 1899, agus chuireadar fúthu ar Shráid na Trá, i dTrá Lí, áit ar rugadh a mac Seán sa bhliain 1936. D'aistrigh an chlann siar go Cathair Uí Mhóráin, lasmuigh de Thrá Lí, go gairid ina dhiaidh sin. Cailleadh a athair go hóg ar an 10 Meán Fómhair 1940 – seachtain roimh cheathrú breithlá a mhic – agus d'aistrigh an bhaintreach agus a clann thar n-ais go Trá Lí, go hOileán na nGéanna i lár an bhaile ag bun Shráid na Carraige. Ceathrar páistí a bhí sa chlann, beirt iníonacha agus beirt mhac agus ba é Seán an tríú duine den ál. Cailleadh an mháthair i Samhain na bliana 1991. Cuireadh bunoideachas air go háitiúil i Scoil na mBráithre Críostaí ar Shráid Éadbhaird, Trá Lí agus i Scoil an Chuileanaigh, i bParóiste na Tuaithe, ceantar a mháthar. D'fhreastail sé ar Choláiste Bhréanainn, an chliarscoil i gCill Airne, (a raibh an Duinníneach féin mar scoláire tráth inti) idir 1950–1955 agus tar éis dó Scrúdú na hArdteistiméireachta a chur de, chláraigh sé do BA sa Laidin agus sa Ghréigis i gColáiste na hOllscoile, Corcaigh idir 1955 agus 1958. Agus an bhunchéim aige, bhain sé Ardteastas san Oideachas (ATO) amach agus fuair sé post mar mhúinteoir meánscoile san ardchathair. Is ann a shaothraigh sé go dtí gur éirigh sé as an múinteoireacht le díriú go huile is go hiomlán ar a chuid scríbhneoireachta.

Foilsíodh gearrscéalta as Béarla leis in *The Irish Times* agus in *The Irish Press*, agus as Gaeilge in *Comhar*. Bhain sé cáil amach dó féin mar ghearrscéalaí cumasach nuair a d'fhoilsigh An Comhlacht Oideachais a shárchnuasach gearrscéalta *Ding agus Scéalta Eile* sa bhliain 1983. Aistríodh *Ding* go Béarla mar *The Atheist* (Wolfhound Press 1988) agus roghnaigh An Chomhairle Ealaíon é mar ionadaí na hÉireann do Dhuais Liteartha na hEorpa.[2] Sa bhliain 1992 roghnaíodh an t-údar mar mholtóir ar chomórtas an *Irish Times* don *Irish Literature Prize*. Bhuaigh an dara cnuasach aige *Banana,* a d'fhoilsigh Cois Life, Gradam Uí Shúilleabháin sa bhliain 1999. Ba le Cois Life arís a d'fhoilsigh sé *Úlla,* rogha dá chuid gearrscéalta, sa bhliain 2005 agus, sa bhliain chéanna, d'fhoilsigh Coiscéim nóibhilléad leis, *Scéal Eitleáin*. D'eisigh Leabhar Breac *Gealach,* úrscéal dá chuid sa bhliain 2012, agus d'eisigh Coiscéim *Cros na Sceilge* sa bhliain 2013.[3] Bhain a dhráma *Gadaí Géar na Geamh-oíche/The Winter Thief* duais *The Bank of Ireland Drama Prize* i Lios Tuathail i 1991. Léirigh Amharclann na Mainistreach an dráma seo sa Phéacóg nuair a rinne an fhoireann chéanna 34 léiriú ar fad ó 8 Aibreán go 16 Bealtaine 1992 agus iad ag déanamh ceithre oíche as Béarla agus dhá oíche as Gaeilge in aghaidh na seachtaine. Ba í sin an chéad uair a tharla a leithéid i stair na drámaíochta in Éirinn. Léiríodh an dráma seo faoin teideal *Hula Hul*[4] i dTaibhdhearc na Gaillimhe sa bhliain 1999.[5] Sa bhliain 2008 foilsíodh a úrscéal *Hula Hul* agus roghnaíodh é ar liosta *Comhar* de 'Na Deich nÚrscéal is Fearr ó Chasadh an Chéid' um Nollaig 2013.

DUILLEOGA TAE: AN CÚLRA STAIRIÚIL

Ar an 31ú lá d'Iúil 1922, thug an *Lady Wicklow* cúl leis an mBulla Theas i gcuan Bhaile Átha Cliath agus aghaidh ar Mhuir Éireann.[6]

Saighdiúirí an tSaorstáit ag dul ar bord loinge ar an 2 Lúnasa 1922 (George Morrison)

Ar bhord na loinge, faoi stiúir an Bhriogáidire-Ghinearáil Paddy Daly (1888–1957), bhí an Bhriogáid Bhaile Átha Cliathach, 'na Green & Tans': 450 duine de scoth na saighdiúirí in Arm Náisiúnta an tSaorstáit, fir a raibh taithí troda acu ó Chath Bhaile Átha Cliath (28 Meitheamh – 5 Iúil 1922) agus roimhe sin, ag cuid acu, mar chroílár scuad iomráiteach Mhichíl Uí Choileáin agus mar chuid d'aonad fianais na hardchathrach le linn Chogadh na Saoirse.[7] Ar bhord na loinge bhí Rolls Royce Whippet, feithicil armúrtha, agus gunna machaire 18 bpunt (ar ar tugadh 'The Rose of Tralee' níos déanaí).[8]

Ba í an Fhianait, sráidbhaile iascaireachta tráchtála sé mhíle siar ó thuaidh ó bhaile Thrá Lí, a ceann scríbe. Ba é aidhm an turais Ciarraí agus Cúige Mumhan – Poblacht Neamhspleách na Mumhan, mar dhea – a bhí faoi réim na bPoblachtánach frithChonartha Angla-Éireannaigh a smachtú agus deireadh a chur le Cogadh na gCarad go breas nó go treas.

Saighdiúirí an tSaorstáit ag teacht i dtír san Fhianait, Contae Chiarraí ar an 8 Lúnasa 1922 (George Morrison)

Ar a leathuair tar éis a deich ar maidin ar an 8 Lúnasa tháinig an long úd i dtír san Fhianait. Leagadh mianaigh ar an gcé fhada adhmaid ar eagla go dtarlódh ionsaí mara mar seo, ach cuireadh ó mhaith iad ionas nach ndéanfaí damáiste don ché ná dochar d'eacnamaíocht an phoirt. Chuir fórsaí poblachtacha áitiúla i gcoinne an ionraidh ach d'éirigh le fórsaí an Stáit, an tArm Náisiúnta, teacht i dtír agus thógadar an Fhianait.[9] Agus iad tagtha i dtír, mháirseáil an fórsa míleata an sé mhíle de bhóthar go Trá Lí. Chaith snípéirí rois piléar leo ó Charraig Shammy agus sa chomhrac maraíodh duine amháin ar gach aon taobh.[10] Faoi 1.30 iarnóin, bhain an tArm Náisiúnta Sráid Pembroke ar imeall an bhaile amach áit ar thángadar faoi ionsaí arís le meaisínghunna Lewis a bhí suite ar dhíon Mhuileann na Seamróige, foirgneamh ard ag bun Shráid na Carraige. Maraíodh seisear de Bhriogáid Bhleá Cliath, giolla liachta de chuid na Croise Deirge agus ball amháin den IRA sa mhionchath seo sular éalaigh na gunnadóirí.[11] Faoi 6.30 iarnóin bhí Trá Lí faoi smacht ag an Arm Náisiúnta. An lá dár gcionn, an 9 Lúnasa, faoi stiúir an Choirnéal-Cheannfoirt Michael Hogan[12] tháinig 240 saighdiúir eile den Arm Náisiúnta trasna na Sionainne ó Chill Rois i gContae an Chláir go Tairbeart ar chósta Chiarraí Thuaidh agus ó dheas as sin trí Bhéal Átha Longfoirt chun Lios Tuathail a cheansú. Go gairid ina dhiaidh sin, tógadh An Fearann Fuar gan stró agus Oileán Chiarraí le stró tar éis leas a bhaint as gunna mór. Ar an 11 Lúnasa, ionsaíodh Neidín ón bhfarraige le héirí na gréine. An lá dár gcionn, an 12 Lúnasa, bhí an Ginearál Micheál Ó Coileáin i dTrá Lí ag déanamh cigireacht ar chríochnúlacht an ionsaithe mhíleata nuair a fuarthas an drochscéal gur cailleadh Arthur Griffith (1872–1922), Uachtarán an tSaorstáit, de thaom croí i mBaile Átha Cliath. Lean an t-ionradh, áfach: tugadh faoi Chill Airne faoi dhorchadas na hoíche, le himní go raibh cúig chéad saighdiúir faoi stiúir Erskine Childers (1870–1922) sa bhaile, rud nach raibh. Ar an 15 Lúnasa baineadh an Rath Mhór amach, áit a raibh stáisiún an RIC dóite rompu. An lá céanna tógadh Caisleán na Mainge agus Cill Orglan. Lá arna mhárach cuireadh Arthur Griffith i nGlas Naíon agus faoi cheann seachtaine, ar an 22 Lúnasa, feallmharaíodh Micheál Ó Coileáin i mBéal na mBláth i gCorcaigh, 30 míle soir ón Rath Mhór.

Tháinig an Déiseach Risteárd Ó Maolchatha (1886–1971) i gcomharbacht ar an gCoileánach. Ar an 9 Meán Fómhair 1922 rug an tIRA ar an uain ar an urla agus ghabhadar Neidín i gCiarraí Theas agus Tairbeart i gCiarraí Thuaidh. Gan gunnaí móra agus trealamh cuí, bhí sé chomh maith acu a bheith ag caitheamh cloch in aghaidh cuain. Cheal uirlisí troda cuí, ní fhéadfaidís cath traidisiúnta laochta a throid: shocraíodar mar sin ar throid bunaithe ar thaicticí réalaíocha, straitéis a chinntigh go mbeadh sraith luíochán agus ionsaithe fánacha leanúnacha á bhfearadh ag buíonta treallchogaithe de chuid an IRA ar fud an chontae. Chinntigh sé leis go leanfadh an cogadh ar aghaidh níos faide.

Complacht 2, Briogáid Bhaile Átha Cliath, Cluain Meala 1922

Tréimhse fhealltach, fhabhtach, naimhdeach, nimhneach ab ea í i stair na tíre agus i stair an chontae. Dhein an dá thaobh slad barbartha agus marú éadrócaireach ar a chéile. Le linn an ama, caitheadh buamaí, mharaigh agus ghortaigh snípéirí saighdiúirí an Stáit go fealltach faoin dorchadas, thug saighdiúirí an Stáit íde éadrócaireach do chimí faoi chúram an Stáit, agus thapaigh an dá thaobh gach deis chun drochíde a imirt, agus leatrom a dhéanamh, ar a chéile agus ar lucht tacaíochta a chéile. Ba shaol fuar folamh é ag gníomhairí an dá thaobh agus bás gan choinne ag bagairt de shíor orthu. Agus an Cogadh ag druidim chun deiridh ar fud na tíre, tharla sraith eachtraí i gCiarraí a thug ar mhuintir an chontae 'Ré an Uafáis' a ghairm de mhí an Mhárta 1923.

Ré an Uafáis

Ar an 6 Márta, shir scata Státairí go Barr an Earraigh i gCnoc na gCaiseal tar éis dóibh scéal a fháil faoi shuíomh tochaltáin. D'aimsíodar é ach ba luíochán é: mharaigh gaiste buama cúigear saighdiúirí de chuid Bhriogáid Bhaile Átha Cliath: triúr oifigeach, fear áitiúil ina measc, agus beirt saighdiúirí singile. Dlúthchairde de chuid an Bhriogáidire-Ghinearáil Paddy Daly ab ea na hoifigigh. Fógraíodh go mbainfí leas as cimí as sin amach 'chun mianaigh a chur ó mhaith.' Bhí polasaí nua i réim, casadh nua sa choimhlint agus an lasóg sa bharrach.

An Briogáidire-Ghinearál Paddy Daly/Pádraig Ó Dálaigh, ceannaire scuad Mhichíl Uí Choileáin

BACK: Tim Tuomey, Michael O'Connell.
CENTRE: Jim Walsh, P. Buckley, John O'Connor.
FRONT: Pat Hartnett, G. O'Shea.

Na cimí a maraíodh ag Baile Ó Síoda

Tar éis meán oíche ar an oíche sin, tógadh naonúr cimí ó phríosún Bhaile an Mhuilinn, lusca na n-uafás i dTrá Lí, agus tugadh iad chuig crosbhóthar Bhaile Ó Síoda, trí mhíle soir ó Thrá Lí. Cinntíodh nach raibh aon duine mór le rá ina measc 'all fairly anonymous, no priests or nuns in the family, those that'll make the least noise.'[13] Tógadh den leoraí iad agus tugadh go gort Uí Bhric iad. Ceanglaíodh iad de mhianach ansin agus pléascadh é. Deineadh smidiríní d'ochtar acu ach tháinig fear amháin, Stephen Fuller, slán leis an scéal a insint.[14] Tharla a mhacasamhail d'eachtra ar an 11 Márta ag Droichead na Cuntaoise i gCill Airne nuair a pléascadh ceathrar cimí ach arís tháinig fear amháin, Tadhg Coffey, slán leis an scéal a insint.[15] Tharla a mhacasamhail arís ar an 12 Márta ag na Beathacha i gCathair Saidhbhín i ndeisceart Chiarraí nuair a pléascadh cúigear fear; ar an ócáid seo, caitheadh na cimí sna cosa roimh ré chun nach n-éalódh aon duine acu leis an scéal a fhógairt.[16]

Trí eachtra, ceann amháin i ngach ceantar riaracháin de chuid an IRA sa chontae. Seisear déag marbh. Roimh dheireadh na míosa, maraíodh seachtar cimí eile. Shéan an Stát gur maraíodh na cimí d'aon ghnó agus chosain an tAire Risteárd Ó Maolchatha an Briogáidire-Ghinearál Paddy Daly sa Dáil nuair a ceistíodh é faoi na feallmharuithe i gCiarraí.

Risteárd Ó Maolchatha (1886–1971)

> As far as the Kerry officers were concerned, very few who know them, and very few, I think, of the civil population in Kerry will question their desire for discipline. Time after time we have complaints from various parts of the population as to the restrictions placed upon our soldiers there. We have seen officers here, we have seen Major-General Daly train – for a few months, perhaps, in Dublin here, before we were called upon to defend this new State in arms – a handful of men whose discipline, quite as much as their daring, made it possible for us to tackle effectively in Dublin the root of what has been such a terrible disturbance. They have my fullest confidence from that point of view. I have the fullest confidence that the honour of the Army is as deeply rooted in them as it is in any of us here at Headquarters or in any member of the Government.[17]

Caitheadh príomhcheannaire an IRA, an Corcaíoch Liam Lynch (1893–1923) i Sléibhte Chnoc Mhaoldomhnaigh i gContae Thiobraid Árainn ar an 10 Aibreán 1923. Ar an 30 Aibreán, d'ordaigh an tUltach Frank Aiken (1898–1983), a tháinig mar chomharba ar an Loingseach, do bhaill an IRA éirí as an gcogadh agus, ar an 24 Bealtaine, a gcuid gunnaí a chur uathu. Ar an 22 Lúnasa 1923 eagraíodh mórshiúl i mBaile Átha Cliath chun bua an tSaorstáit a cheiliúradh. Um Nollaig 1923 scaoileadh saor na cimí a bhí faoi ghlas. I gCiarraí, ghlac cuid de na hiarchimí páirt i gcúrsaí caide sa chontae agus d'imríodar le hoifigigh agus iar-oifigigh Stáit. Ar an aon fhoireann amháin bhí baill aitheanta den IRA, leithéidí John Joe Sheehy agus Joe Barrett a bhí go hoifigiúil ar a gcoimeád, agus oifigigh airm, leithéidí Con Brosnan. Idir 1923 agus 1933 bhuadar sé chraobh Uile-Éireann agus ceithre Shraith Náisiúnta sa chaid agus tugadh le fios, ag leibhéal amháin, go raibh dearmad déanta ar imeachtaí an Chogaidh.

1929 Curaidh Chraobh na hÉireann sa Pheil: *Chun tosaigh (ó chlé): Miko Doyle, R. Stack, J. Baily, Joe Barrett (capt), D. O'Connor, J. O'Riordan, J. O'Sullivan. Sa lár: (ó chlé): J. Ryan, E. Sweeney, T. O'Donnell, M. O'Rourke, J. Walsh, J.J. Sheehy, P. O'Sullivan. Ar chúl (ó chlé): D.J. Conway, C. Brosnan, S. Locke, J. O'Connor, J.J. Landers*

Ach nuair a casadh Muineachán orthu i gCraobhchluiche na hÉireann sa bhliain 1930, ní raibh dearmad déanta ar an gCogadh ná ar na heachtraí a bhain leis. Dar le Richard McElligott:

> By then this Kerry side, which had emerged from the ashes of the Civil War, had already laid claim to the title of the greatest team of any previous era. Between 1923 and 1933, they won six All-Ireland titles, including a four-in-a-row, 10 Munster senior football titles, two Railway Cups, four consecutive National League titles and completed three hugely successful tours of America. Yet Kerry's monopoly of Gaelic football was not universally lauded. Controversy surrounded their All-Ireland victory in September 1930. The final was dubbed a farce, with Monaghan, who were contesting their maiden All-Ireland, being completely ill-equipped to deal with a Kerry side that routed its Ulster opponents 3–11 to 0–2. Yet the match would enter GAA folklore as 'the last battle of the Civil War'. This was not only due to the perceived associations of the Kerry and Monaghan teams with the Republican and Free State sides respectively (the Monaghan team contained several officers in the Free State Army while many of the Kerry players were known IRA members including the head of the Kerry IRA, John Joe Sheehy), but also because of the number of Monaghan players injured in the match and the county's accusations about the rough tactics of Kerry.[18]

Má creideadh gur deineadh dearmad ar naimhdeas Chogadh na gCarad i gCiarraí de bharr na caide, ní gach duine sa chontae, is baolach, a bhí ar son an rialtais ná sásta géilleadh don chóras a bhí i réim. Ar an 6 Deireadh Fómhair 1933 le linn d'Eoin Ó Dufaigh arbh as Muineachán dó, a bheith ag tabhairt óráide in Óstán Hawney[19] i Rae Staughton, Trá Lí do bhaill an United Ireland Party (Fine Gael), cuireadh isteach ar an gcruinniú agus caitheadh buama nár phléasc. Buaileadh an Dufach sa chloigeann le casúr, áfach, agus dódh a ghluaisteán. Chaith slua clocha le lucht an chruinnithe agus sáinníodh san óstán iad i gcoinne a dtola go dtí gur tháinig buíon saighdiúirí ó Chorcaigh chun an chíréib a chur faoi chois agus an slua sráide a smachtú.[20] Ní hé sin amháin a tharla. D'fhan Frank (Francis) Chamberlain (1914–1965), mac Arthur Neville Chamberlain (1869–1940), san óstán céanna i mí Eanáir 1939 agus é ar saoire.

Francis Neville Chamberlain agus a bhean, Roma Patricia Parrot

Leagadh buama ar chúl an óstáin ar an 19 Eanáir 1939. Tháinig an t-aoi Sasanach slán in ainneoin gur deineadh dochar don óstán agus do na tithe máguaird. Dhein na Gardaí dianchuardach ar an dúiche ar thóir bhaill den IRA ar ar cuireadh an milleán toisc gurbh ionann déantús an bhuama seo agus na cinn ar baineadh leas astu i bhfeachtas an IRA i Sasana. Ar an 16 Meán Fómhair 1939, an lá ar gabhadh baill den IRA ar fud na tíre – an lá ar tógadh Máirtín Ó Cadhain in Oifig an Chonartha i gCearnóg Parnell – gabhadh deichniúr i dTrá Lí agus i gCill Airne agus imtheorannaíodh iad i gCampa an Churraigh, i gCill Dara.[21] Deineadh cíor thuathail dá bharr de cheannasaíocht an IRA. I 1942 ceapadh Charlie Kerins as Bóthar na Trá, Trá Lí, ina Cheann Foirne ar an IRA. Gabhadh é sa bhliain 1944, áfach, agus crochadh é go conspóideach as feallmharú Dinny Uí Bhriain, bleachtaire de chuid an Gharda Síochána.

Charlie Kerins

AN DRÁMA

Is cosúil *Duilleoga Tae,* atá á fhoilsiú anois, ar go leor slite agus *Hula Hul,* an t-úrscéal a d'fhoilsigh Leabhar Breac sa bhliain 2008. Is ionann, den chuid is mó, suíomh agus carachtair an dá théacs ach ní hionann an plota. Tá plota an úrscéil ag teacht, roinnt mhaith, leis an scéal a insíonn Mait Dálaigh i ngníomh a dó, radharc a cúig den dráma. San úrscéal, castar Cáit, cailín aimsire, ar Mhait Dálaigh, oifigeach in arm na Poblachta, a bhfuil cam reilige air. Tá Breen lárnach i bplota an úrscéil, áfach. Cluanaire óg slachtmhar é atá le seachadadh mar phríosúnach ag an Dálach chuig an Sean-Bhaile trí shíobadh sneachta i laethanta deireanacha Chogadh na gCarad i gCiarraí. Mar aon le Breen, tá bosca diamhair le seachadadh ag Mait.

Mhol Pól Ó Muirí an t-úrscéal go hard nuair a foilsíodh é, mar leabhar a léiríonn

> ... buanna uile Mhic Mhathúna – samhlaíocht, scéal agus scríbhneoireacht nach bhfuil a sárú ann – agus iad uilig ag cur le chéile mar a bheadh ceolfhoireann faoi stiúir Mozart ann ... Tuigeann Mac Mathúna síceolaíocht, tuigeann sé éad, saint, sotal, urraim agus grá agus bíonn iomlán léir na nithe sin ag iomrascáil lena chéile sna carachtair a chruthaíonn sé.[22]

Feictear na tréithe céanna sin – samhlaíocht, scéal agus scríbhneoireacht – ar fad sa dráma seo. Baineann an dráma *Duilleoga Tae* le laethanta deireanacha Chogadh na gCarad i gCiarraí idir sléacht Bhaile Ó Síoda i Márta na bliana 1923 agus forógra Frank Aiken ag deireadh na Bealtaine 1923. Ag tús an dráma, tá an choimhlint faoi lán seoil, tá gunna mór le cloisint agus tá brat doimhin sneachta suas le húll an dorais. Tugtar an cogadh chun lár stáitse ag tús an dráma nuair a iompraítear an saighdiúir isteach sa déirí. Ach níl san aimsir, sa suíomh ná sna tagairtí do na hionsaithe éagsúla ach fráma chun scéal a insint agus na carachtair éagsúla a thabhairt le chéile agus a gcuid mothúchán a chíoradh. Is Oifigeach san Arm Náisiúnta é an Baile Átha Cliathach, Dan Donnelly, seinnteoir pianó bliain is fiche d'aois, a tháinig istír san Fhianait leis na Státairí cé gurbh é an duine deireanach a tháinig den long é. Tá feirm ag a mhuintir i mBóthar na Bruíne in aice Bhóthar an tSeanbhábhúin i mBaile Átha Cliath ach níl uaidh ach a bheith ina sheinnteoir pianó. Is fear é, áfach, nach bhfuil tugtha d'idé-eolaíocht faoi leith. Chuaigh sé san Arm Náisiúnta mar shaighdiúir singil tar éis dó argóint a bheith aige lena athair agus deineadh oifigeach de gan chúis gan chiall an lá ar cailleadh an Coileánach. Cuireann sé síos i ngníomh a trí, radharc a haon ar na himeachtaí ar Shráid Pembroke agus ionsaí Thrá Lí agus conas a ráinigh dó a bheith i gCiarraí.[23] Gortaítear é i mionchath agus tagann Tess air i muc shneachta ag doras an stábla agus é craplaithe. Tugann Mait Daly, ceannaí capall, go dtí déirí na nDiolúnach é, teach poblachtánach i gCillín Mhuirisín a bhfuil beirt iníonacha inphósta, Katie agus Tess, ann agus cailín aimsire, Cáit Murphy, atá ar adhastar ag an mbeirt iníonacha. Cailleadh a tuismitheoirí agus a deartháir le fiabhras sa bhliain 1893 – an bhliain ar bunaíodh Conradh na Gaeilge – agus ní raibh sí riamh ar scoil. Sciob a gaolta talamh na clainne agus deineadh cailín aimsire di agus gan aici ach sé bliana d'aois. Is fear capall naoi mbliana is tríocha d'aois é Mait Daly, a bhfuil máchail fheiceálach, cam reilige, air. Agus é óg, chonaic sé a athair ag marú capaill a raibh cos leis briste, rud a d'fhág lorg síceolaíoch air féin de bharr cam reilige a bheith air. Casadh bean feasa ar Mhait go gairid roimh thús an dráma a d'inis dó nach fada go saorfaí é tar éis di duilleoga tae a léamh dó.

Ag croílár an dráma seo tá dhá chogadh ar siúl: ag an macraileibhéal, tá Cogadh na gCarad ina bhfuil dhá ghrúpa pholaitiúla ag iarraidh a dtoil pholaitiúil agus a mian idé-eolaíochta a chur i bhfeidhm. Ag an micrileibhéal, tá na carachtair ar fad sa dráma ag déanamh a ndíchill a dtoil phearsanta féin a chur i bhfeidhm ar charachtair eile. Sa dá chás tá bréaga á n-insint agus an fhírinne á cur as a riocht agus á lúbadh. Is chuige sin a spreagann na hiníonacha cúrsaí grá idir Mait agus Cáit, ionas nach gcuirfear isteach orthu sa déirí. Is chuige sin a insíonn Mait bréag do Dan faoina ghortú, ionas go spreagfaí dóchas ann. Ligeann Tess uirthi féin gur iontach an 'Moonlight Sonata' a dhéanann Mait a chrónán di, ionas go leanfaí den aisling bhréagach.[24] Is chuige sin a insíonn Mait agus Cáit dá chéile nach bhfuil aon spéis acu ina chéile. Tá an dráma lán suas de bhréaga, idir chinn bheaga agus chinn mhóra, agus is as na bréaga sin agus de bharr na mbréag sin a chumtar aicsean agus fuinneamh an scéil.

Is daoine gortaithe, gonta, mí-aibí iad na carachtair. Tá Dan Donnelly gonta sa tsúil agus san aghaidh. Is iníonacha feirmeora láidir iad Tess agus Katie, sé bliana déag agus seacht mbliana déag d'aois, nach bhfuil uathu ach go dtiocfadh deireadh leis an gcogadh chun go mbeidh fir óga ar fáil arís ag rincí agus ag ócáidí sóisialta. De bhrí go bhfuil siad óg agus mí-aibí, tá siad dall ar chruachás na ndaoine timpeall orthu. Agus an cogadh ar siúl is beag deis atá acu bualadh amach seachas chuig an siopa nó chuig oifig an phoist: 'le bliain anuas ní raibh fear ná buachaill chun dul ag siúl leis' agus is é an déirí a ndomhan sóisialta: spás agus limistéar inar féidir leo labhairt go neamhspleách gan cur isteach óna dtuismitheoirí. Caitheann siad a gcuid ama ag éisteacht le hamhrán Harry M. Woods 'And the Red Red Robin goes bob bob bobbin along'[25] ar an ngramafón, ag léamh *penny-dreadfuls* agus iad in éad leis na hiníonacha Connerys 'a fuair beirt deartháir ó Thuath Siosta, céad acra an duine, coiréal gainmhí agus *petrol pumps*.' Is acusan atá an saol, dar leo, agus iad féin faoi ionsaí ag an gcogadh, ag TB, ag an bhfliú (dríodar *influenza* na bliana 1918) agus ag pléascáin. Má tá troid do cheannasaíocht an Stáit ar bun sa cheantar máguaird, tá troid ar bun sa teach do cheannasaíocht an déirí. Ach ina ainneoin sin, tá siad dall ar chruachás na ndaoine eile sa dráma. Is sclábhaí í Cáit, 'duine des na daoine ar dhein Dia dearmad orthu,' mar a deir sí féin, a bhfuil obair dhian an tí agus obair chrua na feirme mar chúram uirthi agus gach ball den líon tí mar mháistir uirthi. Agus saoire agus neamhspleáchas bainte amach ag an tír agus troid fhuilteach ar bun faoi théarmaí na saoirse agus an neamhspleáchais sin, níl saoirse ná neamhspleáchas ag Cáit, ná duine ná deoraí ag troid ar a son ach oiread. Tá drochíde tugtha ag an saol di agus is dá bharr sin a bheannaíonn sí do gach duine mar *sir* agus go n-iompraíonn sí an buicéad de shíor. Is sciath chosanta de shaghas é an buicéad – 'an t-aon chara atá aici' – baineann sí leas as chun éalú ó dhaoine agus chun ciúnas agus suaimhneas a bhaint amach di féin. Tuigtear do mhuintir na feirme agus an buicéad aici go bhfuil sí i mbun oibre agus cúram éigin feirme á dhéanamh aici – 'go raibh sí ar ghnó don duine eile'. Úsáideann sí an buicéad – agus an tuiscint go bhfuil dualgas éigin le comhlíonadh aici – chun éalú as ócáidí míchompordacha. Goineadh í agus tá sí fós gonta cé nach féidir na gonta a fheiscint. Más sciath chosanta ag Cáit an buicéad, is dán a thugann misneach do Mhait, dán a chum Lord Byron (1788–1824), fear ar creideadh go raibh cam reilige air. D'fhoghlaim Mait an dán ar scoil agus ó shin i leith feidhmíonn an dán mar ortha, nó mar mhantra, nuair atá a chuid misnigh ag trá.

'THE DESTRUCTION OF SENNACHERIB'

The Assyrian came down like the wolf on the fold,
And his cohorts were gleaming in purple and gold;
And the sheen of their spears was like stars on the sea,
When the blue wave rolls nightly on deep Galilee.

Like the leaves of the forest when Summer is green,
That host with their banners at sunset were seen:

Like the leaves of the forest when Autumn hath blown,
That host on the morrow lay withered and strown.

For the Angel of Death spread his wings on the blast,
And breathed in the face of the foe as he passed;
And the eyes of the sleepers waxed deadly and chill,
And their hearts but once heaved, and forever grew still!

And there lay the steed with his nostril all wide,
But through it there rolled not the breath of his pride;
And the foam of his gasping lay white on the turf,
And cold as the spray of the rock-beating surf.

And there lay the rider distorted and pale,
With the dew on his brow, and the rust on his mail:
And the tents were all silent, the banners alone,
The lances unlifted, the trumpet unblown.

And the widows of Ashur are loud in their wail,
And the idols are broke in the temple of Baal;
And the might of the Gentile, unsmote by the sword,
Hath melted like snow in the glance of the Lord!

Baineann an dráma le daoine gonta, daoine ar deineadh dochar – idir fhisiciúil agus síceolaíoch – dóibh, ach ní hé an cogadh amháin an t-aon áit a ngortaítear daoine. Baineann an dráma seo, mar sin, le daoine a gortaíodh i bhfad roimh an gcogadh – daoine nach bhfuil in ann éalú as an áit ina bhfuilid, cé go dteastaíonn uathu a bheith in áit éigin eile, áit níos deise, níos nádúrtha, níos séimhe, níos fearr dóibhsean. B'fhearr le gach carachtar sa dráma a bheith in áit éigin eile. Ag deireadh an dráma, tá siad ar fad réidh le seans a thógaint: tá Dan Donnelly ar mhuin capaill ag glaoch hula hul – liú fiaigh Ciarraíoch – agus an dochtúir mar cheann scríbe aige; tá Cáit sásta gach a insíonn Mait di a chreidiúint agus dul sa tseans i Splinnc, an gleann as a dtagann sé ó dhúchas. Tá na hiníonacha sa tóir ar Joe Jimmy Joe agus ar Shéamas Ó Ceallaigh agus iad dóchasach go bhfuil sonas agus sochar an tsaoil le fáil sa ghrá agus sa phósadh.

Ní ceiliúradh ar chogadh ná ar fhoréigean é an dráma seo, áfach. Is léiriú é ar choimhlint ghnáthdhaoine a gortaíodh agus a gcaitear go dona leo agus na hiarrachtaí a dhéanann siad agus na straitéisí a úsáideann siad chun buachan i ngnáthchogadh an tsaoil, chun sásamh saoil a bhaint amach. Ag croílár an dráma seo, tá gnáthfhadhbanna gnáthdhaoine seachas imeachtaí móra na staire. Tá mothúcháin na gcarachtar lárnach anseo, seachas teacht agus imeacht na ngrúpaí míleata. Is é Dan, an t-ionróir, a thugann muintir na háite le chéile. Ag deireadh an chogaidh, in áit an bua míleata a cheiliúradh, teitheann sé i lár na hoíche agus gan fhios ag aon duine an dtiocfaidh sé slán. Críochnaíonn an dráma ar nóta dóchasach le Mait agus Cáit i ngrá le chéile agus dóchas ag na hiníonacha go n-aimseoidh siad Joe Jimmy Joe agus Séamus Ó Ceallaigh dóibh féin. Cé go bhfuil an dráma suite i dtréimhse atá nach mór céad bliain ó shin, tá na téamaí agus na mothúcháin chomh beo inniu agus a bhí riamh. Tuigeann Mac Mathúna, mar a dúirt Ó Muirí, síceolaíocht; tuigeann sé éad, saint, sotal, urraim agus grá agus bíonn iomlán léir na nithe sin ag iomrascáil lena chéile sna carachtair a chruthaíonn sé, agus ní haon eisceacht é an dráma seo. Is sa scéalaíocht – go háirithe sna scéalta a insíonn Mait, Dan agus Cáit – sa chomhrá agus san fhorbairt phlota trí chéile a léiríonn Mac Mathúna na tréithe agus na buanna as ar mhol Ó Muirí é agus a chuireann leis an mbreith gurb é príomhdhrámadóir Gaeilge na linne seo é in ainneoin gan ach dhá dhráma dá chuid a bheith stáitsithe.

NÓTAÍ

1 Tá an sráidbhaile ar an mbruach theas d'abhainn na Leamhna, sé mhíle siar ó Chill Airne agus ocht míle go leith soir ó Chill Orglan. Ba iad Nora O'Sullivan agus John J. Foley/Seán Ó Foghlú, ó chomharsanacht Bhearna an Choimín (Gap of Dunloe) idir Cill Airne agus Corrán Tuathail, a

sheantuismitheoirí. Dar le daonáireamh SAM na bliana 1910, pósadh iad i 1898 agus bhí cónaí orthu ar Shráid Fox sa Bronx.

2 Feic Eileen Battersby, 'Island of No Escape,' *The Irish Times,* (16 Eanáir 1988); Éilís Ní Dhuibhne, 'Satire and Complaint,' *The Irish Literary Supplement,* Iml. 7: Uimhir 2 (Geimhreadh 1988), 20; Siobhán Ní Fhoghlú, 'Agallamh/Interview Seán Mac Mathúna,' *The Bridge/An Droichead* (Geimhreadh 1987), 10–15.

3 I measc na leabhar eile a d'fhoilsigh sé, tá: *Ceardlann 85* (Coiscéim, 1988); *Blas* (An Comhlacht Oideachais, 1979) agus *Ráfla* (An Comhlacht Oideachais, 1978).

4 Liú fiaigh Ciarraíoch, dar leis an údar, bunaithe ar 'Tya-hillaut a qui forheur!'

5 Léiríodh an dráma sa Taibhdhearc ar an 4 Deireadh Fómhair 1999. Páirteach sa dráma bhí na haisteoirí seo a leanas: Caitríona Ní Chonaola, Aoife Ní Fhatharta, Norette Ní Laocha, Gráinne Ní Mhórdha, Bríd Nic Gearailt, Pádraig Ó Conghaile, Denis McAteer agus Pádraig Ó Tuairisc.

6 Is ar an mbád seo a bheadh an t-údar Seosamh Mac Grianna mar chime cogaidh ina dhiaidh seo. Feic Pol Ó Muirí, *Seosamh Mac Grianna: Míreanna Saoil* (Indreabhán: Cló Iar-Chonnacht, 2007), 71.

7 Feic, Niall C. Harrington, *Kerry Landing: August 1922* (Baile Átha Cliath: Anvil Books, 1992), 71.

8 Ceaptar gur cheann de na gunnaí a fuarthas ó arm na Breataine chun ionsaí a dhéanamh ar na Ceithre Cúirteanna i mí Iúil é an gunna seo.

9 Maraíodh Thomas Flynn (IRA) as an bhFianait, John O'Sullivan (IRA) as Caisleán Ghriaire agus Edward Byrne (an tArm Náisiúnta). Feic Tom Doyle, *The Civil War in Kerry* (Mercier Press, 2008), 123. Feic Niall C. Harrington, *Kerry Landing: August 1922* (Baile Átha Cliath: Anvil Books, 1992), 92–103.

10 Feic, Niall C. Harrington, *Kerry Landing: August 1922* (Baile Átha Cliath: Anvil Books, 1992), 104–107.

11 Ba iad Johnny O'Connor agus Michael Fitzgerald a bhí ar dhíon an mhuilinn. Maraíodh seisear den Arm agus giolla liachta amháin san ionsaí. Feic, Niall C. Harrington, *Kerry Landing: August 1922* (Baile Átha Cliath: Anvil Books, 1992), 107–120.

12 Ba dheartháir é le James Hogan a bhí ina ollamh le stair i gColáiste na hOllscoile, Corcaigh, agus Patrick Hogan a bhí ina Aire Talmhaíochta sa chéad rialtas.

13 Feic Niall Harrington, i gclár faisnéise de chuid RTÉ *The Ballyseedy Massacre,* 1997. Ráiteas é seo a mbaintear macalla as i ndráma eile Mhic Mhathúna, *Gadaí Géar na Geamh-oíche,* atá suite sa réigiún céanna le linn Chogadh na Saoirse. Léiríodh an dráma seo ar an 22 Aibreán 1992 ar stáitse na Péacóige, ceann den bheagán drámaí Gaeilge a léirigh Amharclann na Mainistreach ó na 1980idí i leith. Dráma é atá suite i gceantar Gaeltachta i sléibhte Dhoire na Sagart ar an teorainn idir Ciarraí agus Corcaigh agus a phléann leis na laigí daonna a fheictear le linn Chogadh na Saoirse. Tá an Ghaeilge ag ídiú mar theanga laethúil agus tuismitheoirí ag tógáil a gcuid páistí le Béarla. Tagann ceannaire de chuid an IRA go dtí an ceantar le scata áitiúil a ullmhú don chogadh.

14 Ar na fir a maraíodh, bhí: Pat Buckley, John Daly, Pat Hartnett, Michael O'Connell, John O'Connor, George O'Shea, Tim Tuomey agus James Walsh.

15 Ar na fir a maraíodh, bhí: Jer Donoghue, Stephen Buckley, Daniel Donoghue agus Tim Murphy.

16 Ar na fir a maraíodh, bhí: Michael Courtney, Eugene Dwyer, Daniel Shea, John Sugrue agus William Riordan

17 Dáil Éireann – Iml. 3–17 Aibreán, 1923.

18 Richard McElligott, 'Cynical play? Kerry are old hands at it,' *Irish Examiner,* 30 Lúnasa, 2013.

19 'Hawney's Private Hotel, Tralee, Kerry (Ireland), in which Mr. Frank Chamberlain, only son of the Prime Minister was staying, was seriously damaged by an explosion, thought to have been caused by a bomb, at 3 o'clock this morning. Mr Chamberlain who is spending a holiday in Tralee was asleep in bed. He escaped injury, but a woman guest was blown out of bed by the concussion. Hundreds of windows in the vicinity were broken and adjacent streets were littered with broken glass. The bomb is believed to have been secreted in a cul-de-sac near the back gate of the hotel. Mr. Chamberlain personally led a search by detectives and uniformed police through nearby streets. The police have commenced a most intensive search of the whole county of Kerry and in neighbouring districts. This latest outrage has caused widespread public indignation. Mr. Chamberlain is 24. After leaving Cambridge University he joined Kynoch's ammunition factory Birmingham. He is a non-commissioned officer in a territorial anti-aircraft battery.' ('Irish Hotel Wrecked,' *Sydney Morning Herald,* 20 Eanáir 1939).

20 Feic, 'Scout book recounts Tralee riot,' *The Kerryman,* 20 Iúil 2006. 'A Mills bomb was thrown through the skylight over the stage but it did not explode and remained caught in the wire netting ... The 200 unarmed police present were unable to cope with the rioting crowd. A burst of machine gun fire was directed at the local (garda) barracks. It was only when soldiers arrived from Cork that some semblance of law and order was restored.'

21 'Widespread Arrests by Gardaí: Unexpected Swoops in Many Counties,' *Irish Independent,* 16 Meán Fómhair 1939, p. 8.

22 Pól Ó Muirí, 'Leabharmheas: *Hula Hul* le Seán Mac Mathúna,' *Beo* 85, 2008.

23 Bhíodh siopa ag Mikey Jurr O'Sullivan ag bun Shráid na Carraige. Damhsa ab ea an 'Bunny Hug' a thosaigh in San Francisco sa bhliain 1911.

24 Chum Ludwig van Beethoven an *Quasi una fantasia* 27, Uimhir 2, ar a dtugtar an *Moonlight Sonata,* sa bhliain 1801.

25 Chum Harry M. Woods an t-amhrán sa bhliain 1926 agus chas amhránaithe éagsúla eile ar nós Al Jolson é. D'eisigh Doris Day é in 1953 agus Bing Crosby sa bhliain 1956. Seinntear leagan den fhonn ag tús cluichí de chuid Charlton Athletic, foireann sacair i Sasana.

Duilleoga Tae

Na Carachtair

Cáit Murphy	Cailín aimsire	35
Mait Daly	Ceannaí capall	39
Katie Dillon	Iníon feirmeora	17
Tess Dillon	A deirfiúr	16
Dan Donnelly	Oifigeach airm	21

CÁIT

Is cailín aimsire í CÁIT, nó cailín feirmeora, nó 'cailín'. Bíonn uirthi obair an tí a dhéanamh in éineacht le hobair na feirme. Sclábhaí is ea í. Agus an oiread san máistrí timpeall uirthi, ag ordú uirthi, is léir gur éirigh sí an-chiúin inti féin. Ach cosaint ab ea an chiúine sin agus ní thuigimidne a bhaineann le saol an lae inniu cé chomh hainnis is a bhí an scéal ag cailíní bochta mar seo san am san. Ní raibh éinne poiblí ann chun faire amach dóibh in ainneoin go raibh an tír lán de pholaiteoirí is scaothairí de gach sórt. Go minic ní fhaighidís fiacha na hoibre féin – agus dá rachaidís ag gearán go dtí an dlí ní bhfaighidís aon sásamh – mar bhíodar bocht agus b'ionann san is a bheith gan chearta.

Ní raibh sí riamh in éineacht le fear – is é sin, i gcaidreamh le fear – agus mar sin bhí deireadh dúile bainte aici den bpósadh. Fiú compánach fir ní raibh riamh aici.

Deireann sí 'SIR' go minic sa chaint – ní le meon an sclábhaí ach le géilleadh gur saol fireann an saol – agus an ceart aici san am sin. Tá sí gléasta in éadaí atá donn agus liath agus mórán paistí agus taoibhíní orthu. Níl aon iontaoibh aici aisti féin – ach b'fhéidir gur cosaint eile é sin. Ní bhíonn sí in aon áit gan an buicéad ina gabháil aici. Is cruthú an buicéad seo ar aigneolaíocht an daonnaí mar tá sé tugtha fé ndeara go mbíonn sé de nós ag daoine atá bochtaithe anuas sa tsaol rudaí beaga a thógaint ina seilbh, rudaí mar chlocha, choirc bhuidéal nó teidí béar etc. chun misneach a thabhairt dóibh. Ach tá sí mín sámh ó nádúr is nuair a ghluaiseann sí deineann sí go grástúil é agus ní nós léi aon rud a dhéanamh de thapaigean – is é sin, níl sí giodamach, rud a bhronnann dínit uirthi.

MAIT DALY

Fear é a bhí bainteach le gach saghas ceirde, ach ba le capaill ba mhó a bhíodh sé ag plé. Bhí sé an-cheanúil ar na capaill agus seans go raibh caidreamh spioradálta aige leo.

Ach bhí an cam reilige air, rud a d'fhág bacach i gcónaí é. Bhí sé cinnte gur mhill an cam reilige a shaol, go mór mór a sheansanna pósta. Ní raibh sé riamh in éineacht le bean. Sin an bheirt is mó sa scéal, CÁIT is Mait, agus máchail an duine orthu. Ba chinniúnach an teacht le chéile don mbeirt acu é. Ach is í an eochair chun an bheirt seo a thuiscint ná cuimhneamh go bhfuil siad beagáinín mínormálta.

NA DEIRFIÚRACHA

Tá siad tar réis seilbh a ghlacadh ar an déirí, agus é ina oifigín príobháideach acu, agus iad an-chosantach i gcoinne na dtuismitheoirí atá ag iarraidh é a bhaint díobh. Caitheann siad a gcuid ama istigh ann ag caint mar gheall ar an gcogadh atá ar fud contae Chiarraí. Ní rabhadar ar rince dá bharr le bliain beagnach, agus saol gan rince ar a laghad uair sa mhí ní saol in aon chor é. Is ea, an cogadh agus na seansanna pósta a bhí acu, b'in iad na hábhair chainte.

DAN

Oifigeach a bhain leis na Saorstátairí, is é sin an dream a bhí an-dian ar mhuintir Chiarraí. Ba é Mait a fuair sa sneachta é oíche amháin agus é ag fáil bháis tar éis troid mhíleata éigin sa chomharsanacht. Thug sé isteach go tigh na nDiolúnach é nó chaillfí é, mar bhí sé gortaithe go dona sa tsúil is san aghaidh. Fearadh fáilte roimis cé nach raibh aon fháilte roimh lucht Státairí sa tigh sin. Ní gá a rá go raibh an bheirt bhan an-sásta ar fad leis agus ba sa déirí a chaitheadh sé a chuid ama.

TRÉIMHSE AMA

Tarlaíonn na himeachtaí seo i bParóiste Ráth Tiar i gContae Chiarraí i mí an Mhárta, 1923, agus an Cogadh Cathartha in eireaball a theasa. Dá bharr sin, tá gach rud gann agus daonra an chontae tuirseach go maith den scéal.

SUÍOMH AGUS SEIT

Titeann gach radharc amach sa déirí atá i 'seilbh' na beirte deirfiúracha ach amháin dhá nó trí radharc bheaga a thiteann amach sa stór – seomra Cháit.

Tá an déiri lán de ghiuirléidí bainne, trealamh chun im a dhéanamh as uachtar, cuigeann agus seandeighilteoir. Tá dhá cheann de shuíocháin mhóra cosúil le toilg ann agus iad déanta as málaí lán de chruithneacht.

Sa chúinne tá seanghramafón agus, in aice leis, araid as a mbaineann CÁIT min do na beithígh.

GNÍOMH 1

RADHARC 1

[Soilse aníos ar an déirí. Tá sé an-dorcha – ní féidir mórán a fheiscint ach gach rud ina imlíne. Chun sampla d'atmaisféar an chontae a thabhairt lasann cúpla splanc ó ghunnaí móra an fhuinneoigín agus, tar éis cúpla soicind, leanann gleo cogaidh iad. Ach is splancanna agus gleo an-éadrom iad mar táid i bhfad ó bhaile. Stadann an cogadh agus, tar éis cúpla soicind, ardaítear solas beagán, rud a fhágann an stáitse fós dorcha ach is fearr mar atá an déirí le feiscint.

Osclaítear an doras is seo isteach CÁIT *agus is léir láithreach ar a comharthaíocht choirp ná fuil aon mhuinín aici aisti féin. Féachann sí sall is abhus chun deimhin a dhéanamh go bhfuil sí ina haonar. Preabann sí a luaithe a chloiseann sí fuaimeanna beaga an tí, mar dhoras ag plabadh. Tá an buicéad aici. Tá sí ag dul i dtreo na haraide chun min d'fháil. In aice na haraide tá dhá pharasól, ceann dearg is ceann gorm. Stadann sí agus baineann lán na súl astu. Tógann ceann ina lámh is deineann geáitsí leis – go dtí go gcuimhníonn sí ar a cuid éadaigh féin. Féachann sí ar na paistí is cuimlíonn a méara díobh amhail is go gcabhródh san leo. Díreach ansan osclaítear an doras is seo isteach Mait Daly agus iallait mhór féna ascaill aige. Féachann sé uirthi ach ní thagann sé thar tairseach isteach. Tá cóta fada leathair air – liath – agus hata mór dubh a bhfuil búcla airgid ar a bhanda. Agus claonann a chorp beagán i leith na láimhe deise ón gcam reilige. Fanann* CÁIT *amhail is go raibh sí tar éis reo. Ach ní féidir léi teitheadh mar go bhfuil sé sa tslí uirthi. Stánann an bheirt ar a chéile. Féachann sí arís ar na paistí agus titeann an parasól as a lámh.*

Seo le Mait chuici agus tógann sé an parasól lena lámh shaor is tugann di é. Titeann sé uaithi arís; ansin titeann an buicéad uaithi le cliotar ceart ach beireann sí air aris le beagán fústair. Cuireann Mait an parasól ina sheasamh in aghaidh cathaoireach

ach tá sé bunoscionn. Tá siad anois in aice a chéile agus stánann siad ar a chéile go dána – eisean go ceisteach, ise go fáilteach ach ní fhéadann Cáit an stánadh a sheasamh rófhada agus íslíonn a súile. Croitheann sí a ceann leis is téann go dtí an araid is tosaíonn ar an mbuicéad a líonadh. B'fhéidir go gcloisimid doirteadh mall na mine. Nuair a bhíonn an buicéad lán seasann sí suas is téann Mait go leac na fuinneoige mar a bhfuil an lampa íle. Deasaíonn sé an lampa is lastar an áit is chímid an déirí i gceart den gcéad uair. Tugann siad aghaidh ar a chéile. Tá sí ar tí imeacht nuair a chíonn sí an parasól bunoscionn. Cuireann sí ina sheasamh i gceart é is tugann bosaíl bheag dó].

MAIT: Mait is ainm dom, Mait Daly ... *[Stopann sé mar níl sé cinnte cé chomh fada ba cheart dó dul leis an gcur in aithne].* ... ach níl ansan ach cuid de, Mathew, Patrick, James, Daniel, Daly. Snab ab ea mo mháthair.

CÁIT: *[Tá tost beag ann ach nuair a labhraíonn sí tá an guth an-íseal].* Níl ormsa ach Cáit, *Sir*. *[Croitheann sé a cheann chun í a mhealladh chun cainte, agus í ag déanamh air leis an mbuicéad. Ach tá sé sa tslí uirthi, is níl sí cinnte conas a raghaidh sí amach. A thuilleadh útamála ag an mbeirt acu idir stánadh ar a chéile agus rudaí ag titim uathu].*

MAIT: *[An tost ag déanamh tinnis dó].* Na hainmneacha fada seo, ní maith iad.

CÁIT: *[Croitheann sí a ceann mar tá ganntanas focal uirthi].* Ní liom an parasól, *Sir*. *[Agus í ag dul thairis amach cé a bhuailfeadh isteach ina coinne ach Tess agus Katie. Tá a gcuid éadaigh níos fearr ná cuid* CHÁIT *ach níl ann ach san].*

TESS: Cáit! Is tú díreach atá uainn!

KATIE: Haigh, a Cháit, an mór atá déanta ar maidin agat?

CÁIT: *[Tá sí gafa idir an triúr acu].* Mhuise, tá's agat, a Katie, gnáthchúraimí na maidine, prátaí dos na mucaibh, bricfeasta a ullmhú, na ba a chrú, na hárais a scimeáil.

TESS: Aon seans go bhféadfá na capaill a thiomáint as Páirc na Móna – táimse ag dul go dtí an siopa?

CÁIT: Bhuel, tá na gamhna le déanamh agam, ach ina dhiaidh sin, is dócha.

KATIE: 'Cháit, tánn tú go hiontach, aon seans go bhféadfá na gréithre a dhéanamh, caithfidh mé dul sall go dtí oifig a' phoist?

CÁIT: *[A guth ag éirí níos ísle]*. Gréithre! Bhuel, caithfead na cuirtíní a fhuáil, tá's agat, ach b'fhéidir .... ina dhiaidh san?

TESS: Go raibh maith agat, a Cháit! *[Gabhann Cáit thar an triúr acu – ach tugann sí sracfhéachaint amháin ar Mhait]*.

KATIE: *[Beireann na cailíní ar na parasóil]*. Heileo, a Mhait! *[Gan aon fháilte sna focail]*.

MAIT: *[É fós ag féachaint i ndiaidh Cháit]*. Cérbh í sin?

TESS: Cáit! An cailín!

MAIT: Cáit! *[Téann go dtí an fuinneoigín agus féachann amach]*. An ón áit seo di?

KATIE: Sin í an fhadhb, ní cuimhin léi ainm na háite as a dtagann sí, ach tá sí cinnte go dtosaíonn sé le Baile! *[Gáireann an bheirt bhan]*.

MAIT: *[Fós ag an bhfuinneog agus é ag scrogaíl chun spléachadh ar Cháit d'fháil]*. Níor mheasas go raibh sí ina hóinseach.

TESS: *[Ag dul suas chuige, is ag déanamh dánaíochta air]*. Tá spéis agat inti!

MAIT: Níl aon spéis agam i mnáibh ach táim fiosrach.

KATIE: *[Ag gáire mar ní chreideann sí é]*. Fiosrach, ní hea, tá spéis aige inti. Tá sí tríocha is a cúig!

TESS: *[An-dána]*. Bhí Críost tríocha is a trí nuair a cailleadh é, is ea, tá sí dhá bhliain níos sine ná Dia.

MAIT: Fágann san mise sé bliana níos sine ná Dia.

KATIE: Agus leag na muca ar an gcarn aoiligh ar maidin í.

TESS: Ní chaitheann sí ach *hand-me-downs*.

KATIE: Agus codlaíonn sí sa stór in éineacht leis na madraí.

TESS: Ní hea ach le buicéad, ise is an buicéad le chéile i gcónaí. *[Gáireann an bheirt].* Agus dhein sí dearmad ar ainm a dearthár féin. Anois, 'bhfuil tú fós fiosrach?

MAIT: *[Tugann sé féachaint amháin eile amach an fhuinneog, ansin siúlann go bun an tí is fágann sé an iallait ar an mboirdín].* D'inis mé cheana duit ná fuil spéis agam i mnáibh.

KATIE: Go réidh, a Mhait, cad tá á dhéanamh ag an iallait ansan?

MAIT: Amuigh ansan tá cogadh ar bun, agus anuas air sin tá sneachta suas go húll a' dorais, agus mo chapall ...

KATIE: Capall! Seo é an déirí – is linne é, Tess is mise.

MAIT: Ach dúirt do mháthair ...

TESS: Ní anso, téir síos go dtí an scioból más mian leat.

MAIT: *[Beireann ar an iallait is tugann aghaidh bhéil ar Katie].* Ní réitímid rómhaith le chéile.

TESS: Tá *generation gap* eadrainn.

MAIT: *Generation gap!* Ní chuala an ceann san cheana. Ceann Meiriceánach, is dócha. Deineann sé naomh díotsa, agus diabhal as ifreann díomsa.

TESS: Rud éigin mar sin. *[Siúlann Mait go bacach go dtí an doras. Glaonn Tess ina dhiaidh].* Ar gortaíodh sa chogadh thú?

MAIT: *[Baineann san stad as. Casann sé a cheann ina leith is deireann os íseal].* Gortaíodh mé i mbroinn mo mháthar. *[Exit].*

KATIE: Nach tú an tubaist! Nach bhfuil a fhios agat go bhfuil an cam reilige air?

TESS: Cad é sin?

KATIE: Nuair a bhí Mait á iompar ag a mháthair ní foláir nó shiúil sí ar uaigh duine éigin agus léim an cam reilige ar Mhait dá bharr. Ní cos atá air in aon chor ach cnap de chnámh amuigh ar a bharr. Tá sé maslaithe agat.

TESS: *[Ag baint searradh as a guaillí].* Canathaobh go bhfuil an saol chomh dainséarach sin? Gheibheann seisean an cam reilige, ansan tá TB ann, agus an cogadh so agus, níos measa ar fad, an fliú. Tá amhráinín beag ag páistí Thrá Lí sa *Kerry Champion* – ar mhaith leat é a chloisint?

I had a little bird / And his name was Enza
I opened the window / And in flew Enza

Tá an fliú ag marú na mílte, níl cead lámha a chroitheadh i Meiriceá agus éinne go bhfuil cuma an fhliú air ní ligfear isteach sa tír é.

KATIE: Conas a bheadh a fhios agat go mbeadh an fliú ar dhuine?

TESS: Nílim cinnte, ach deirtear go mbíonn spotaí buí ar an aghaidh agus mórán allais le duine.

KATIE: 'Bhfuil a fhios agat cad tá ag déanamh tinnis domsa – go mbainfear an áit seo dínn.

TESS: Níl againn ach an áit seo ... canathaobh go ndeireann tú é sin?

KATIE: Mait – iallait, capaill ... ba mhaith leis coirce a stóráil anso.

TESS: Coirce! Anso! Bíodh an diabhal aige.

KATIE: Tá daid an-mhór le Mait ... bainfear an áit seo dínn – muna mbeidh seift againn.

TESS: Seift!

KATIE: Is maith leis Cáit.

TESS: Cáit! Ní raibh sí riamh in éineacht le fear.

KATIE: 'Bhfuil tú cinnte?

TESS: Cé a raghadh léi? Féach an cruth atá uirthi, a cuid gruaige, a bróga, a cuid éadaigh – ceirteacha, paistí liatha, taoibhíní rua. Agus í faiteach roimh an saol.

KATIE: Chonaic mé an fhéachaint a thug sí ar Mhait.

TESS: An raibh Mait riamh in éineacht le bean?

KATIE: Deirtear go bhfuil an oiread san náire air de bharr na coise nach mbacann sé le mnáibh.

TESS: Is cuma mar gheall ar an gcois. Tá's agat cad a deirtear: i gcúrsaí grá 'siad na cosa is túisce a chaitear i leataobh. Ach Mait agus Cáit le chéile – tá sé sin rud beag thar fóir.

KATIE: *[Gáireann siad].* Mar sin féin, is bean í Cáit, is é sin is bean í go deo. Agus áit éigin ina croí, tá ...

TESS: Rud éigin i bhfolach?

KATIE: 'Sea, nó rud éigin ina chodladh?

TESS: Ag feitheamh le dúiseacht. Táimid go léir mar sin, ag feitheamh le dúiseacht.

KATIE: Sin é an feitheamh fada. Cad a déarfa leis seo – dá ndéarfaimis leis go gcabhróimis leis le Cáit ach gan cur isteach orainne anseo?

TESS: Seans go n-oibreodh san. Bheifeása níos fearr ná mise chuige.

KATIE: Tabhair soicind nó dhó dom ... *[Caitheann Katie í féin ar an tolg – tost fiche soicind nó mar sin. Tess agus geáitsí mífhoighne aici ag feitheamh le Katie].* Tá sé agam. Téir agus faigh Mait agus abair leis gur mhaith liom labhairt leis istigh anso. Nuair a imeoidh Mait faigh Cáit agus labhróidh mé léi ansin. Fág an rud ar fad fúmsa. 'Sea, Tess, faigh Mait, ach bí deas leis, brostaigh. *[Exit Tess. Deasaíonn Katie an lampa agus deineann sí rudaí ar leac na fuinneoige a shocrú. Tarraingíonn sí an raca trína cuid gruaige agus ag an bpointe sin cloisimid coiscéimeanna. Féachann sí go breá ar nós-cuma-liom nuair a thagann Mait isteach, eisean crosta go leor].*

MAIT: Sea, cad tá uait, a Katie, is fear gnóthach mé. *[Suíonn sé ar shac cruithneachta].*

KATIE: A Mhait, a bhuachaill, fuaireamar amach go bhfuil an-spéis sa ngleann san, Splinc, as a dtagann tú. *[Ní bhogann san Mait].* De réir dealraimh, tá cáil air.

MAIT: Cáil! Cad air?

KATIE: Cad air? *[Tá beirthe uirthi].* Ó, mhuis, cáil ar ... ar fhéile, tánn sibh flaithiúil!

MAIT: Tig leo bheith flaithiúil, mar ná fuil aon rud acu le tabhairt uathu.

KATIE: Tá siad an-chliste.

MAIT: Tá ag éirí go maith le daoine atá níos amaidí ná iad.

KATIE: Agus an acmhainn grinn atá acu.

MAIT: An t-aon rud sa ghleann atá tirim.

KATIE: Bhuel, sin agat é, an-mheas ar Splinc.

MAIT: A Katie, tá sé chomh maith é a rá leat arís: níl spéis agam i mnáibh.

KATIE: Mná! Is ar bhean amháin atáimid ag caint.

MAIT: *[Stánann sé ar Katie].* Táimid ag caint ar dhuine ó Bhaile rud éigin?

KATIE: An raibh tú riamh ann?

MAIT: Níl a fhios ag éinne cá bhfuil sé nó cá raibh sé.

KATIE: Táim cinnte gur áit álainn é ar nós an duine atá i gceist.

MAIT: Tá eagla mhór uirthi roimh rud éigin ... gach rud ag titim as a lámha.

KATIE: Ó, ní eagla í sin ... ach duine a thuigeann a gnó.

MAIT: Táim ag foghlaim, ach cad déarfá le duine nach cuimhin léi cad as di?

KATIE: Ó, níl ansan ach tíreolas – níl sé tábhachtach. Cheapamar go raibh spéis agat sa duine seo, spéis an-bheag ar fad, ach spéis mar sin féin ...

MAIT: *[Freagra an-mhall].* Tá.

KATIE: Tá! Sin an méid! Tá!

MAIT: Tá. Tá sí difriúil.

KATIE: Ah-ha ! Difriúil go maith nó difriúil go dona?

MAIT: Difriúil ... difriúil. Rud éigin mar gheall uirthi, a deireann liom go mbeadh sí an-taitneamhach mar dhuine dá mbeadh cúrsaí níos fearr.

KATIE: 'Sea, tá rud éigin ar bun más ea.

MAIT: 'Sea, rud éigin. Le déanaí dúirt an duine seo liom go raibh mé le scaoileadh saor. Ní thuigim é.

KATIE: 'Sí Cáit an bhean a réiteodh san duit – tá sí go maith chun rudaí mistéireacha a réiteach. 'Sea, is maith leat í.

MAIT: Bhuel, 'sea, ar dtúis ... ach tá sí ró, ró ...

KATIE: Ró, ró ...

MAIT: Rósclábhánta.

KATIE: Cad é sin?

MAIT: Róthugtha do bheith ina seirbhíseach.

KATIE: Ach is seirbhíseach í, cad eile a bheadh inti?

MAIT: Is *socialist* mise.

KATIE: *Socialist!* Focal fíorlofa é sin pé brí atá leis.

MAIT: Ní ceart d'éinne a bheith sclábhánta.

KATIE: Ach tá Cáit uainn mar sheirbhíseach, bheimis thíos leis gan í.

MAIT: *[Seasann sé go hobann].* Dá bhrí sin, ba mhaith libh í a bheith sclábhánta?

KATIE: 'Sea, bheimis caillte gan í.

MAIT: Sclábhánta! Tá an scéal athraithe ar fad, labharfaidh mé léi.

KATIE: *[Gliondar uirthi].* Ar fheabhas. Táimid ag treabhadh linn! Inniu!

MAIT: Ó, fan go fóill – ní dúirt tú aon rud faoi inniu.

KATIE: I gceann cúpla nóiméad, anso!

MAIT: *[An-suaite].* Ó, gabhaim pardún agat, ach is duine gnóthach mé. *[Baineann sé de a hata is tosaíonn ar é a láimhsiú].*

KATIE: Cuairt an-ghairid a bheidh ann. Ní tusa an t-aon duine atá gnóthach.

MAIT: Ó, níl a fhios agam, tá sé seo ró-obann, ní duine mar sin mise ... caithfidh mé dul síos go Mulshinocks.

KATIE: Tig leat dul síos ar ball. Fear ó Splinc, bíonn sé lán de dhiabhlaíocht, deirtear.

MAIT: Ait liom nár chuala a leithéid cheana.

KATIE: Ní fhaigheann cat ach léim amháin.

MAIT: Is saghas madra mise. Níl a fhios agam cad déarfainn léi.

KATIE: *[Siúlann sí suas go Mait is cuireann cogar ina chluas, deineann sé iarracht cúlú uaithi ach tá sí róthapaidh dó].* Ní hí an chaint is tábhachtaí ach an mothú laistiar di.

MAIT: Níl aon chur amach agam ar mhothú.

KATIE: Léim amháin!

MAIT: Tá go maith. *[Tarraingíonn a mhéara trína chuid gruaige].* Níl aon scáthán agam ... is mór an tubaist mé.

KATIE: Bí anso i gceann trí nóiméad.

MAIT: Níl aon uaireadóir agam.

KATIE: Trí nóiméad.

MAIT: Tá go maith. *[Exit an-mhalltriallach. Féachann sí air tríd an bhfuinneog; ansan deineann sí roinnt obair tí agus socraíonn a cuid gruaige arís. Cloisimid Cáit ag teacht. Tagann sí isteach].*

CÁIT: Heileo, Katie, táim anso.

KATIE: Níl tú róghnóthach, a' bhfuil? *[Socraíonn sí Cáit isteach ar mhála mine, ach is ait le Cáit an cheist].* A Cháit, toisc go bhfuil an tigh ag déileáil le cuairteoirí na laethe seo, ní miste a insint duit go bhfuil an-spéis ag daoine i mBaile. *[Sméideann Cáit a ceann go béasach. Claonann Katie anuas beagán le Cáit agus de chogar deir sí].* An-chuid ceisteanna. Agus tá's agat, a Cháit, an gleann sa Splinc?

CÁIT: *[Stánadh fada ar Katie].* 'Sea, sna sléibhte ...

KATIE: Daoine breátha iad muintir na Splince, agus cáil mhór orthu as ... as ... as a bhfeadaíl, 'sea, feadaíl ar chaoirigh, ó, ní hea, feadaíl ar na madraí i ndiaidh na gcaorach.

CÁIT: *[Sméideann sí a ceann i dtreo an dorais].* An é siúd atá i gceist agat? *[Sméideann Katie a ceann ar an doras leis].* Tá rud éigin aige i mo choinne.

KATIE: Ó, ní mar sin a chímse é. *[Claonann sí isteach i modh comhcheilge le Cáit].* Nuair a luaigh mé t'ainm leis las sé go cluas.

CÁIT: *[Stánann sí ar an doras tamall fada].* Tá rud éigin aige i mo choinne.

KATIE: Cá bhfios duit?

CÁIT: Braithim é ar a aghaidh nuair a fhéachann sé orm. Agus an chos san, is mór a d'fhulaing sé dá bharr.

KATIE: Tig leat é sin a bhraistint freisin. Tá na súile agat, a Cháit. *[De chogar].* Cá bhfios ná go mbeadh cúpla rún aige le ligean?

CÁIT: Caithfidh mé déanamh dos na muca. *[Ag éirí – an freagra céanna a thugann sí nuair a bhraitheann sí an saol ag bagairt uirthi].*

KATIE: Déanfaimidne na muca duit. *[Á socrú siar ar an mála mine].*

CÁIT: A Katie, níl aon ... spéis agam ... ins ... na fir. Fadó bhíodh brionglóidí agam ach, ina dhiaidh san, d'éirigh mé astu. *[Croitheann sí a ceann].*

KATIE: A Cháit, is maith leis thú, ceapann sé gur spéirbhean thú.

CÁIT: Níl puinn aithne aige orm.

KATIE: Tá sé an-bhuailte ort. *[Ligeann sí cnead nó dhó].*

CÁIT: Ní mar sin domsa ...

KATIE: Abair 'sea, uair amháin, 'sea beag bídeach amháin.

CÁIT: 'Sea? Ins an áit seo 'sé 'sea an focal is dainséaraí.

KATIE: A Cháit, an cuimhin leat na brionglóidí a bhíodh agat fadó, ach gur éirigh tú astu?

CÁIT: 'Sea, cad mar gheall orthu?

KATIE: A Cháit, má stopann na brionglóidí stopann an saol. *[Suíonn ar an mála taobh léi agus íslíonn a guth].* Tá's ag gach éinne go bhfuil na súile agat, go bhfuil fios agat, go gcíonn tú an saol atá le teacht. Ach, a Cháit, tá siad agamsa freisin agus tá rud éigin ag caint liom. Agus deirim é seo agus táim cinnte de – 'sé seo an duine duitse.

CÁIT: 'Bhfuil tú cinnte ?

KATIE: Dearfa.

CÁIT: Cé atá ag caint leat?

KATIE: Cá bhfios ná gurb é Dia féin é.

CÁIT: *[Tost].* Dia? Tá go maith; labhróidh mé leis uair amháin.

KATIE: Nó dhá uair, b'fhéidir?

CÁIT: Bhuel, b'fhéidir.

KATIE: A Cháit, tánn tú go hiontach.

CÁIT: Ní dúirt éinne é sin liom cheana.

KATIE: Go hiontach, agus seo chugainn an fear féin.

CÁIT: *[Léimeann sí is féachann an fhuinneog amach].* Ó, a Katie, ní dúirt tú aon rud faoi inniu! Anois! Tá na héadaí ... nílim ullamh, a Katie, stop é. *[Cuimlíonn sí a lámha de na paistí].*

KATIE: Ní baol duit, a Cháit, cuimhnigh gurb é seo é. *[Exit. Tá beirthe ar Cháit].*

CÁIT: *[Léi féin].* Cad a dhéanfaidh mé ? Ó, cá bhfuil mo bhuicéad? *[Chíonn sí an buicéad is beireann air ina gabháil. Scrúdaíonn sí a cuid éadaigh uair amháin eile. Stopann na coiscéimeanna. Tá an doras dúnta ach sánn Mait go deas mall isteach é. Deineann an doras díoscán mall domhain a chuireann eagla ar dhaoine. Féachann an bheirt ar a chéile. Seasann Mait i mbéal an dorais agus an iallait féna ascaill aige].*

MAIT: An miste teacht isteach?

CÁIT: Ní miste, mhuis!

[Tagann sé isteach, féachann timpeall ag lorg áite don iallait ach níl aon áit ann agus siúlann sé timpeall. Tá an náire ag brú ar Cháit agus siúlann sise timpeall freisin – an bheirt acu agus mearbhall orthu. Ach tá siad ag faire ar a chéile go leataobhach].

MAIT: Níl a fhios agam cad ba cheart dom a rá. *[Coinníonn sé an iallait ina gabháil le teann neirbhíse].* An bhfuil a fhios agatsa?

CÁIT: *[An-íseal].* Níl, *Sir*.

MAIT: *[Siúlann sé timpeall arís].* Ba mhaith liom rud éigin a rá. Ach le daoine.

CÁIT: Le daoine?

MAIT: 'Sea, le daoine. Táim tuirseach de bheith ag caint leis na capaill.

CÁIT: Ag caint leis na capaill, *Sir*?

MAIT: 'Sea, níl a fhios seo ag daoine, ach bíonn capaill an-líofa.

CÁIT: Líofa? Capaill?

MAIT: *[Leagann sé an iallait ar chrúca agus leathshuíonn sé ar mhála mine].* 'Sea, an-líofa, ach ní labhraíonn siad – ní bhíonn focail i gceist ach braistintí. Mothaíonn tú na braistintí agus seo leat ag comhrá.

CÁIT: Braistintí, bímse mar sin ach le daoine. Cad deireann na capaill leat, *Sir*?

MAIT: Caint ar bhia den chuid is mó ach, go minic, caint níos doimhne ná san.

CÁIT: Díreach cosúil le daoine.

MAIT: Tá an ceart agat, a Cháit. *[Siúlann sé suas is anuas].* 'Bhfuil a fhios agat, nuair a bhím amuigh ansin leis na capaill istoíche bím ag ceapadh go bhfuil anamacha acu.

CÁIT: An mbeadh sé féaráilte muna mbeadh ?

MAIT: Ceist mhaith, a Cháit, agus na ceisteanna maithe, deirtear, níl gá acu le freagraí.

CÁIT: Táimid níos cliste ná mar a cheapaimid. *[Í an-sásta leis an gcomhrá so].*

MAIT: A Cháit, an bhfuil a fhios agat ach is maith liom thusa, agus is maith liom go mór thú, *[Tógann sí a ceann chuige].* Ach is ait liom san ...

CÁIT: Canathaobh, *Sir*?

MAIT: Mar ná fuil aon éileamh agam ar na mnáibh – ní fear mór ban mé. *[Tost fada mar nach bhfuil a fhios ag Mait cad déarfaidh sé anois].* Ach, a Cháit, canathaobh go dtugann tú '*Sir*' orm?

CÁIT: Is mar sin atáim.

MAIT: Is saghas *socialist* mise.

CÁIT: *Sir,* tá rud éigin agat im' choinne ... cad é?

MAIT: Conas a bhí a fhios agat?

CÁIT: Braithim ort é.

MAIT: 'Sea, bhuel tá súil agam gur féidir é a rá, mar is maith liom thú ach ceapaim go bhfuil tú beagáinín sclábhánta.

CÁIT: Sin focal eile ná tuigim.

MAIT: Gabh mo leithscéal ... tá mo thigh lán de leabhartha ... ciallaíonn sé gur maith leat bheith id' sheirbhíseach.

CÁIT: *[Athraíonn sí ar fad – uaidh seo amach tá iontas agus aiféala agus díomá uirthi. Ní chreideann sí a gcloiseann sí – ach ní bhíonn sí feargach ná searbh choíche].* Á, an abhainn a ritheann fén abhainn. Is drochrud é bheith id' sheirbhíseach, nach ea?

MAIT: Bhuel, ní sheasann tú an talamh orthu – maidir leis na rudaí gránna a deireann siad mar gheall ort.

CÁIT: *[Agus na focla san ag titim trína haigne freagraíonn sí i gcogar].* Rudaí a deireann siad mar gheall orm?

MAIT: 'Sea, dúirt siad ... bhuel, tá's agat cad tá á rá acu – na rudaí.

CÁIT: *[De chogar]*. Labhair tú leo mar gheall orm! *[Stánann an bheirt ar a chéile]*. Cad a dúirt siad, *Sir*?

MAIT: Cad a dúirt siad, an ea? *[Níl sé compordach leis seo]*.

CÁIT: An bhféadfá an fhírinne a insint dom?

MAIT: *[Tost]*. An fhírinne? A insint duit? Ach ... ach ... b'fhéidir nár cheart.

CÁIT: *[Agus í ar tí titim le laige agus díomá]*. Mura féidir leat an fhírinne a insint dom tuigfidh mé, *Sir*, ach ní fheicfidh tú mise go deo deo arís. *[Tá uirthi suí agus tá eagla ar Mhait roimpi]*.

MAIT: An mbeidh tú ábalta an fhírinne a sheasamh, níl sí ró- ... ró- ... dheas, an dtuigeann tú? 'Bhfuil tú *all right*?

CÁIT: *[Tocht ina glór – tógann anáil fhada agus labhraíonn níos láidre ná an ghnáth-Cháit]*. Inis an fhírinne dom, led' thoil. Tá's agam go bhfuil sí gránna.

MAIT: Má insím duit í an labhróidh tú liom arís?

CÁIT: Labhróidh.

MAIT: Anois? *[Sméideann sí a ceann leis]*. Bhuel, más ea, nílim ach ag iarraidh cabhrú. *[Tost fada]*. An buicéad.

CÁIT: *[Tost le hiontas]*. An buicéad?

MAIT: Ní théann tú in aon áit gan é. *[Ó tháinig Mait isteach tá an buicéad ina baclainn aici, ach anois féachann sí síos air]*. Fiú amháin sa leaba. *[Anois méadaíonn ar a díomá, féachann sí arís ar an mbuicéad agus, go mall, leagann sí uaithi ar an talamh é]*. Mar a dúrt, nílim ach ag iarraidh cabhrú. Do chuid éadaigh.

CÁIT: *[An guth éirithe an-íseal. Féachann sí ar na paistí. Féachann sí ar an mbuicéad]*. Mo chuid éadaigh?

MAIT: *[Tá náire tagtha air]. Hand-me-downs.*

CÁIT: *[Féachann sí ar na paistí arís is cuimlíonn sí iad]. Hand-me-downs! [Ansan clúdaíonn a haghaidh lena lámha].*

MAIT: Codlaíonn tú sa stór leis na madraí.

CÁIT: *[Tá a guth chomh híseal san nach gcloisimid a thuilleadh í, ach chímid na liopaí ag rá* 'Madraí!'*]*

MAIT: Agus deir siad, ní hamháin gur dhein tú dearmad ar ainm na háite as a dtagann tú, *[Cuireann sí a lámh lena béal].* Ach dhein tú dearmad ar ainm do dhearthár.

CÁIT: *[Léimeann sí aníos].* Ó, níl sé sin féaráilte, *Sir*! *[Í beagnach ag gol, socraíonn sí an seál timpeall uirthi, preabann sí ar an mbuicéad is coinníonn lena hucht go tréan é. Féachann sí ina timpeall ag lorg slí éalaithe].* Caithfead min d'fháil dos na mucaibh. *[Luann sí na muca i gcónaí nuair a theastaíonn uaithi teitheadh].*

MAIT: Canathaobh go ligeann tú dóibh rudaí mar sin a rá?

CÁIT: *[Ga seá inti].* Conas a stopfainn iad? Ná tuigeann tú go bhfuil sé ar fad fíor? Is cailín feirmeora mé. Sinne cailíní aimsire, na daoine ar dhein Dia dearmad orthu. Níl éinne sa saol chun cabhair a thabhairt dúinn. Agus níl aon áit ach an stór chun codladh a dhéanamh ann.

MAIT: Ach ainm do dhearthár, conas a d'fhéadfá dearmad a dhéanamh air?

CÁIT: *[Tosaíonn sí ar bhinn dá blús a chasadh le teannas agus éiríonn a guth níos caoile].* Tá an ceart agat, *Sir*; is drochdhuine mé. Ach ní thuigim féin é, a ainm a bheith éalaithe uaim. Is cuimhin liom a aghaidh, *Sir*. Agus a shúile ... Ó, is cuimhin liom na súile áille a bhí aige. *[Clúdaíonn sí a haghaidh leis an sean-aprún atá uirthi is pléascann amach ag gol. Éiríonn sí is siúlann sall is abhus].* Bhí na súile sin lán de ghrá is de ghreann ... Ó, *Sir*, ní dhéanfad dearmad go deo na ndeor ar na súile sin! *[Pléascann an gol arís uirthi].* Agus ní cuimhin liom a ainm! Conas a tharla san? *[Téann sí an-chóngarach do Mhait].* Uaireanta, nuair a bhím amuigh leis na mucaibh, ceapaim go mbíonn sé agam, a ainm, bíonn sé ar bharr mo theangan agam, ach, mo léir, bob eile atá á bhualadh orm. *[Suíonn sí arís go cloíte].* Léine bheag ghorm a bhí air. Ní raibh sé ach dhá bhliain go leith. Bhíomar an-mhór le chéile, mise á rá leat. *[Í ag gol arís].* Nach ait é go gcuimhním ar rudaí mar sin ach ... *[A guth in éag]* ... Ní féidir liom, ní féidir liom ... *[Tugann an gol misneach di. Sos beag agus athshocraíonn sí an buicéad. Tá Mait trí chéile].* Ní thuigeann éinne saol an chailín aimsire, gheibhimid saolta is caithfimid cur suas leo go dtí go scaoiltear saor sinn.

MAIT: *[Mhúscail a cuid focal rud éigin i Mait].* Go scaoiltear saor sinn ... Canathaobh gur úsaid tú na focail sin, 'scaoileadh saor'? Casadh bean eile orm le déanaí is dúirt sí an rud céanna, go raibh mé le scaoileadh saor?

CÁIT: Táimse ag imeacht! *[Deineann sé iarracht ar í a choimeád. Tá na deora léi].* Ná stop mé, *Sir*. Ní theastaíonn uaim tú a fheiscint go deo arís. *[Imíonn an doras amach].*

MAIT: *[Glaonn sé ina diaidh uirthi].* Led' thoil, ná himigh! Gabhaim pardún agat, tar thar n-ais. *[Is léir gur cuireadh as dó go mór; siúlann sé go lár an stáitse is fanann ina staic. Go hobann ritheann sé amach ina diaidh ach tá sí imithe. Tagann sé thar n-ais go lár an stáitse].* Mhaslaigh mé í! I gcuntas Dé, mhaslaigh mé í!

[Tar éis tamaill, cloistear rí-rá éigin lasmuigh den tigh, agus ansan coiscéimeanna agus ritheann Tess isteach ach fanann i mbéal an dorais, mar tá práinn éigin léi].

TESS: A Mhait, tá saighdiúir marbh sa sneachta ag doras an stábla! *[Ritheann an bheirt amach].*

[Soilse anuas]

RADHARC 2

[An déirí mar a bhí i Radharc 1]

[Cúlaíonn Katie agus Tess isteach an doras agus doras á iompar acu ar a bhfuil duine agus é clúdaithe i mblaincéid chapaill. Tagann Mait isteach agus é ag ceann eile an dorais].

MAIT: Go breá réidh leis anois.

[Leagann siad an doras uathu ar an tolg, ansan seasann siad siar is féachann síos ar a gcuid oibre. Níl aon chuid den saighdiúir le feiscint].

KATIE: An bhfuil sé marbh?

MAIT: Marbh! *[Tógann siad an doras amach, ach ní fheictear aon rian den saighdiúir].*

TESS: Marbh!

MAIT: Bhí sé sa chogadh, gortaíodh é, chuaigh amú sa sneachta, agus cailleadh den bhfuacht é.

TESS: Cad a dhéanfaimidne leis?

MAIT: Bígí deas leis. *[Imíonn amach].*

TESS: Conas a bheith deas le corpán? *[Sotto voce].* Ní comhartha maith dúinne é seo ...

KATIE: Comhartha uafásach é.

TESS: Seo é an rud is measa a tharla riamh dúinn, corpán inár n-oifig.

KATIE: Ní corp*atorium* é seo!

TESS: *Moratorium* an focal.

KATIE: *Moratorium*. Tá siad chun an áit seo a bhaint dínn, táim cinnte de.

TESS: Níor éirigh le do sheift! Níl Cáit is Mait le chéile! *[Tá leabhar aici agus tosaíonn sí ag léamh].*

KATIE: *[Sall léi go dtí an corpán is tosaíonn ag cuardach i measc na mblaincéad capaill. Tarraingíonn sí píosa páipéir amach].* Bhuel, tá ainm deas air: An Captaen Ignatius Donnolly.

TESS: *[Ní fhéachann sí aníos ón leabhar].* Ignatius, ainm álainn do chorpán.

KATIE: Cad tá sa leabhar? *Penny dreadful* eile? *Count* Iodálach eile?

TESS: Francach.

KATIE: Léigh smut as.

TESS: *'Oh, Monsieur Le Compte, the music is divine.'*

KATIE: Ba bhreá liom a bheith ábalta labhairt mar sin, agus an comhluadar ceart agam, agus pianó ceart a bheith ann.

TESS: Ní tharlóidh sé san áit seo. Ní raibh oiread is rince amháin ann ó thosaigh an cogadh seo. Agus tá an bheirt againn ag éirí searbh. Bhíomar gránna le Mait agus Cáit bhocht. Agus le bliain anuas ní raibh fear ná buachaill agam chun dul ag siúl leis.

KATIE: Ach nach bhfuil Joe Jimmy Joe agat?

TESS: *[Ag léimt].* Joe Jimmy Joe, cúis gháire ó Dhia chugainn, amadán deas néata atá i Joe Jimmy Joe. Táim cráite aige, agus ní thuigeann sé cad is comhrá ann. *[Deineann sí aithris air].* Dia duit, a Tess; conas tánn tú, a Tess; an bhfuil tú go maith, a Tess; aon scéal, a Tess ... caith uaim é! *[Cloistear an geata thuas ag oscailt. Féachann an bheirt ar a chéile is beireann siad ar na parasóil is ritheann siad go dtí an fhuinneog. Féachann siad amach; ansan go han-mhall, tagann siad thar n-ais gan focal a rá].*

KATIE: Ar mhaith leat an scéal is déanaí a chloisint? Bhí sé á choimeád agam duit ...

TESS: *[Í ag múscailt].* Cé hé, cé hí? Amach leis!

KATIE: Na Connerys, Nora agus Hannah, fuaireadar beirt deartháireacha ó Thuath Siosta. Céad acra an duine, coiréal gainimh, agus *petrol pumps. [Téann sí go dtí an gramafón is deineann an chos a chasadh].*

TESS: *[Caitheann sí an leabhar uaithi is éiríonn].* Péire! Fuair siad péire! Agus an bheirt acu sé déag agus seacht déag, ar comhaois linne! Má phósann siadsan pósfaidh bó na leathadhairce! Agus, in ainm Dé, cad is *petrol pump* ann? *[Caitheann sí a parasól leis an bhfalla].*

KATIE: *[Seinneann an gramafón an tiúin 'The Red Red Robin' agus canann Katie]. And the Red Red Robin goes bob bob bobbin' along – [Ach téann an tiúin in éag sa ghramafón, agus síothlaíonn guth Katie – seasann an bheirt ag stánadh ar an ngramafón].*

TESS: An bhfeiceann tú é sin, ní oibríonn aon rud anso. *[Beireann ar a parasól].* Teastaíonn uaim dul thar n-ais go Meiriceá. Nó fágfar ar an tseilf sinn.

KATIE: Ar an tseilf agus gan ionainn ach sé déag agus seacht déag!

TESS: Gach bliain agus an tseilf ag ísliú chugainn. Caithfimid rud éigin a dhéanamh.

KATIE: Cad é? Draíocht? Ní thabharfaidh draíocht na mairbh ar ais chugainn!

TESS: 'Sea. Triúr des na fearaibh a bhí mór linn scuabtha chun bealaigh ag an gcogadh.

KATIE: Triúr eile scuabtha chun siúil ag an bhfliú, beirt eile le TB.

TESS: Inis dom canathaobh gur mór an náire é bás d'fháil den TB, ach bás d'fháil den bhfliú, is rud sláintiúil é? *[Lorgaíonn sí a leabhar is tosaíonn ar é a léamh arís. Tá Katie ag útamáil leis an ngramafón. Go hobann cloistear cnead ard ón gcorpán, agus leanann ceann eile é].*

KATIE/TESS: Go bhfóire Dia orainn! *[Screadann an bheirt is ritheann siad i dtreo an dorais. Stopann Tess ag an doras is féachann sí thar n-ais].*

TESS: Ó, féach, tá a anáil aige.

KATIE: Cleas é sin.

TESS: *[Téann ar ais, is cromann os cionn an chorpáin]*. Má tá sé ina bheatha tá sé ag fáil bháis, má tá sé marbh is sprid é. Cé acu ab fhearr leat?

KATIE: Cuirimis fios ar Mhait Daly.

TESS: Mait! Ní aithneodh Mait a thóin thar pholl sa bhfalla. 'Bhfuil a fhios agat, is maith an scéal é seo – dúinne!

KATIE: 'Sea, is comhartha maith é, 'sé sin, go bhfuil sé ina bheatha, seachas marbh. An bhfuil sé gortaithe? *[An bheirt cromtha os cionn an chorpáin]*.

TESS: Cá háit?

KATIE: N'fheadar, b'fhéidir go gcaithfimid cuardach a dhéanamh i ...

TESS: Strainséir a chuardach! Fear!

KATIE: Cá bhfios ná go mbeadh spórt againn!

TESS: A Katie, *[Ardaíonn sí cuid den mblaincéad capaill, is déanann gliúcaíocht isteach]* ... Ní bheadh sé ceart ná cóir.

KATIE: 'Sea, 'sea, 'sea, ní bheadh sé so ná súd, ach, ar dtús, chímís cad tá ann i ngan fhios dúinn. Ar dtús, tabhair aer don bhfear bocht – tá sé leath-thachta againn. *[Baineann sí na héadaí dá chloigeann, ach caitheann sí cromadh síos os a chionn chun é a fheiscint mar tá sé dorcha]*. I gcuntas Dé, a Tess, faigh an lampa go tapaidh! *[Beireann Tess ar an lampa ón bhfuinneog is ritheann thar n-ais leis. Cromann an bheirt síos leis an lampa agus iad ag iniúchadh – agus tar éis leathnóiméid díríonn siad in airde arís]*.

TESS: I gcuntas Dé! Fear breá!

KATIE: Fear álainn! *[Síos leo arís os a chionn]*.

TESS: *[Suas arís]*. Dhera, ach a dhiabhail álainn, nach gleoite amach is amach é!

KATIE: 'Sea, go díreach. Féach air sin mar smig!

TESS: Bíonn smigeanna orthu go léir –

KATIE: B'fhéidir é, ach níl ceann mar seo acu! *[Cuimlíonn sí a smig lena méar].*

TESS: Stad, ná bí á chuimilt ... níl sé ceart!

KATIE: Cuir do lámh ansan *[Beireann Katie ar lámh Tess].* Ní mharóidh cuimilt nó dhó é.

TESS: *[Ag cuimilt dá smig].* Óooooooo, Úuuuuuuu! *[Cromann sí os a chionn].* Gan dabht ar domhan, is fear álainn é.

KATIE: Is fear álainn ina luí é. Deirtear mar gheall ar an duine a bhíonn álainn ina luí go mbíonn sé gránna ina sheasamh dó.

TESS: Ó, féach an béal san!

KATIE: Chonaic mé é, ó, an béal san; tá rud éigin ag baint leis, gearradh de shaghas éigin, feargach b'fhéidir, 'sea, cruálach – b'fhéidir go dtabharfadh sé buille duit, ach ceann beag.

TESS: Tá's agam cad tá uait, a Katie, batráil cheart gach oíche sara dtéann tú a luí.

KATIE: Ó, féach! *[Ag breith ar lámh leis].* Tá sé éirithe fuar. Caithfear é a thabhairt suas go dtí an tine sa chistin. Téirse suas.

TESS: Nílim chun tú a fhágaint anso leis, mar níl aon iont- ... hé ... cad tá á dhéanamh agat? Tánn tú ag scaoileadh a chnaipí. Más ea, táimse chun iad a scaoileadh freisin. *[Osclaíonn siad a léine, ach fós ní féidir é a fheiscint].* Féach air sin! *[Sos fada].*

KATIE: Sin cliabh gur fiú cliabh a thabhairt air. Ach níl a lán clúimh air.

TESS: Clúmh! Asal atá uaitse, a Katie. *[Fén am so tá an bheirt ag útamáil le héadaí an tsaighdiúra. Go hobann, stopann siad is stánann siad ar rud éigin].*

KATIE: A Dhia na bhFeart, féach air sin!

TESS: Ó, ó ...

KATIE: Anois, a Katie, é sin! Sin imleacán.

TESS: Ní óinseach mé, tá ceann agam féin.

KATIE: A Tess, caithfimid an líne a tharrac anso.

TESS: An ceart ar fad agat ... *[Tógann sí aníos as a haprún peann luaidhe mór ramhar, fliuchann é, is tarraingíonn sí líne trasna ar bholg an tsaighdiúra]* ... abraimis anso!

KATIE: Ó, in ainm Dé, a thoice, féach cad tá déanta agat! Tánn tú tar éis líne *puce* a tharrac trasna an bhoilg air!

TESS: Ó, a Dhia, níl a fhios agam cad a phrioc mé! *[Fíoraiféala uirthi]*.

KATIE: Agus sin *puce*, ní féidir é a ghlanadh! *[Fliuchann an bheirt acu na méara ina mbéal is deineann iarracht an líne a ghlanadh – agus cá bhfios ná gur maith leo é!]*. Má dhúisíonn sé go deo agus má fhéachann sé síos ansin, bhuel, cad a déarfaidh sé? Bíonn tú i gcónaí ag tarraingt línte ar leabhair, ach bíodh a fhios agat gur fear é seo. *[Cneadann Dan ina chodladh – cúlaíonn an bheirt uaidh]*.

KATIE: Tá sé ina bheatha!

TESS: Ní hamháin ina bheatha ach ina steillebheatha – agus ar chualaís an guth san – chomh domhain is atá sé? A leithéid de neart! Is aingeal é an fear seo. *[Isteach chuige leis an mbeirt arís]*. Ó, féach – fuil! Ag sileadh as áit éigin!

KATIE: Fág fé *Nurse* Dillon é! *[Cuireann sí gothaí banaltra uirthi féin is cromann os a chionn]*. Ar dtús, triomaigh an braon fola le cadás, ardaigh an bindealán beagán agus triomaigh a thuilleadh é. Féach air sin anois. Ardaigh níos mó é agus – *[Ligeann sí béic is cúlaíonn go falla]*.

TESS: Cad é? Cad é?

KATIE: A shúil ... níl sí ann!

TESS: Conas, in ainm Dé, ná fuil sí ann? Cá bhfuil sí?

KATIE: Tá sí ar iarraidh! An cogadh ...

TESS: A Mhuire Mháthair! *[Ach brúnn sí an eagla fúithi is siúlann sí isteach go dtí an saighdiúir. Ardaíonn sí an bindealán, cromann is féachann is cúlaíonn láithreach. Ansin athraíonn sí a meon is téann isteach is tógann an bindealán an athuair, níos cúramaí an turas so. Scairteann sí os ard]*.

Táimid i gceart. Tá an tsúil ann ach go bhfuil sí ag cur fola agus tá dath glas ar chuid di.

KATIE: Glas! A Thiarna, sin *gangrene,* sin deireadh leis! *[Corraíonn sé is tosaíonn sé ar dhúiseacht i gceart. Clúdaíonn na cailíní a n-aghaidheanna lena lámha].*

TESS: TB, fliú, cogadh, *gangrene,* bás! Cad tá fágtha?

KATIE: Féach, tá sé ina dhúiseacht!

DAN: *[Trí chéile, éiríonn ar a leathuilinn].* Mo chloigeann ! Cá ... cá bhfuilim? *[Cabhraíonn na cailíní leis é fein a ardú – beireann ar ghualainn an duine air].*

TESS: Tóg bog é, tánn tú gortaithe!

DAN: Gortaithe?

KATIE: 'Sea, sa chogadh. Ignatius!

DAN: Ig ...!

TESS: 'Sea, Ignatius Donnolly, sin t'ainmse!

DAN: M'ainmse! B'in beart mo mháthar, Dan is ainm dom.

TESS: Ó, is fearr liom Dan. Conas tánn tú, a Dan, a bhuachaill?

KATIE: 'Sea, is fearr Dan. Ignatius anois, ar éigean a labhródh sé leat.

DAN: Cá bhfuilim?

TESS: Tánn tú i dtír álainn darb ainm an saol.

DAN: Conas a tháinig mé ... ann?

TESS: Dheineamar aiséirí ort. Is mó aiséirí a deineadh sa tigh seo cheana.

KATIE: Tánn tú i gContae Chiarraí, in aice le Cillín Mhuirisín.

DAN: Cill ... Ach cad tá á dhéanamh anso agam?

TESS: Na madraí a fuair sa sneachta thú! Is oifigeach de chuid na Státairí thú, agus bh – bhís a' fáil bháis. Cuirfimid fios ar an dochtúir duit.

DAN: Tá m'aghaidh ar lasadh.

KATIE: Beidh an dochtúir anso amárach. B'fhéidir.

DAN: B'fhéidir!

KATIE: Braitheann sé ar an sneachta, agus ar an gcogadh. Ach níl tú sábháilte anso.

DAN: *[Moill, mar tá eagla ag teacht air].* Mar gur tigh poblachtánach é seo?

KATIE: Ní hea, mhuis, ach tá tú i mbaol mór mar go bhfuil sí seo i ngrá leat.

[Féachann siad ar a chéile amhail den gcéad uair].

DAN: *[Gáire gairid].* 'Sé is fearr ná a chéile. *[Beireann sé ar an mbord].* Mo leithscéal, ach tá laige orm.

TESS: Bí ag titim leat, béarfaimidne ort.

DAN: *[Cuireann a dhá lámh lena cheann].* Tá mo chloigeann cuíosach ... cuíosach ...

TESS: Greim le n-ithe is beidh tú i gceart. Is dócha go bhfuil an-chuid cairde agat sa bhaile?

KATIE: 'Séard atá á rá ag Tess ná an bhfuil mórán cailíní agat sa bhaile? *[Deineann Dan iarracht ar éirí ach téann de. Deineann sé méanfach agus socraíonn sé é féin ar an tolg].* Ní baol duit, a Dan, tabharfaimidne an-aire duit, go mór mór agus an milleadh uafásach san atá ar do shúil agat agus *[Ródhéanach, tuigeann sí a botún]* ... Ó, ní hea, ní hé sin a bhí uaim a rá ach, ach ...

DAN: *[Seasann Dan gan stró agus féachaint uafásach ar a aghaidh; féachann ó dhuine go chéile orthu, is ansan go han-mhall ardaíonn sé a lámh go dtí an tsúil mhaith. Cuimlíonn sé í lena mhéara, ligeann cúpla geoin as, agus ansan ar aghaidh go dtí an bindealán ar an tsúil eile. Stadann sé ar feadh tamaill agus eagla air. Brúnn sé ar an tsúil cúpla uair, agus ligeann cnead as. Ansan ropann sé na méara isteach fén mbindealán go dtí an tsúil. Ar feadh soicind fanann sé ina staic, ansan tosaíonn sé ag meigeallach mar a bheadh leanbh ann].* Mo shúil, ó, a Íosa Críost, mo shúil! *[Seo isteach chuige an bheirt is beireann siad greim air].*

KATIE: Ní hea in aon chor, a Dan, tá an tsúil fós ann ach í beagáinín millte – ní baol duit.

DAN: Súil, a Dhia na bhFeart, súil! *[Béiceann sé].* Mo mham atá uaim, mo mham!

TESS: *[Beireann sí ar lámh leis is seolann a mhéar eolais suas isteach fén mbindealán].* Nach mbraitheann tú anois í, tá sí ann. Braith í ... sin agat é, ní baol duit.

DAN: Ó, a Dhia, tá sí ann, tá sé fíor, tá sí ann! Ní fhéadfainn cur suas leis. Mo mham atá uaim! *[Fanann sé i ngreim na beirte, is gach aon mhéileach as].*

[Soilse anuas]

RADHARC 3

[An Stór]

[Táimid sa stór, seomra Cháit, agus é beagnach dubh dorcha, is ní fheicimid ach imlíne na ngiuirléidí atá thall is abhus. Cuirtíní móra ar na fuinneoga, déanta as sean-saic agus iad lán de dheannach agus smúit, is ní ligeann siad ach gósta solais isteach. Tá a lán sac cruithneachta ann, leaba de shaghas, cuigne agus árais scimeála. Ní fheicimid éinne ach braithimid go bhfuil rud nó duine éigin ann, nó sprid go fiú! Leanann sé seo go dtí go bhfuil tuairim ag an lucht féachana ar cad tá ar siúl. Ansan, gan aon choinne, caitear buicéad amach go tosach stáitse, áit a ndeineann sé rolláil bheag agus a stopann sé. Spotsolas an-lag air ná cuireann isteach ar an dorchadas ginearálta. Sos fada ina dhiaidh gan aon tarlúint. Ansan, ar éigean a chímid Cáit ag léimt anuas dá sac eornan agus, go ciúin, mar níl bróga uirthi; siúlann sí go tosach stáitse, beireann ar an mbuicéad agus tugann léi thar n-ais go dtí a suíochán é. Suíonn sí ar a cosa agus an buicéad ina gabháil aici, agus a corp ag bogadh siar is aniar, mar a dheineann páistí uaireanta nuair a bhíonn siad ina n-aonar. Agus tá méileach ag teacht uaithi an-chosúil leis an méileach a bhí ag teacht ó Dan – ach é an-íseal. Leanann sé ar fad ar feadh tamaill go dtí go n-éagann fuaim is solas le chéile].

[Soilse anuas]

RADHARC 4

[Ina lá sa déirí. Dan ar an tolg agus Mait ag déanamh altranais. Tá sé ag siúl go bacach suas is anuas agus bindealán fada á chasadh aige. Tá sé cainteach].

MAIT: Tá mianach dochtúra ionamsa, a Dan, a bhuachaill. Tagann sé ós na capaill – bíonn orm freastal orthu nuair a bhíonn breoiteacht orthu.

DAN: Capaill! Go hiontach! Agus conas tá an capall seo?

MAIT: *[Stadann sé is stánann sé ar an tsúil].* An rud atá ort anois, ní *gangrene* é.

DAN: Go breá ar fad. Agus ... í ag éirí ... glas?

MAIT: Ó, a ... glas. Bhuel, anois, níl ach píosa beag di glas – gorm is mó atá sí.

DAN: Gorm! 'Bhfuil sé sin go maith?

MAIT: 'Sé is fearr ar fad. Tá's agat cad deireann siad, má tá dóthain den ghorm ann chun lus míonla a dhéanamh beidh leat. Agus tá lán do láimhe de lusanna míonla anso agat – ní baol duit.

DAN: Ar fheabhas! Chuala faoi *gangrene.*

MAIT: *[Siúl bacach aige agus an bindealán á chasadh arís aige].* Anois, mar gheall ar do shúil thinn, ná cuireadh sí aon mhairg ort, ní bheidh an radharc rómhaith agat ar dtús ach leigheasfaidh sé sin. Tá's agat an seanfhocal atá acu im' shráidbhaile féin, is fearr bheith caoch ná dall.

DAN: Agus cad is brí leis?

MAIT: Nílim cinnte, is mistéir é.

DAN: Tá an áit lán de mhistéirí anso timpeall. 'Bhfuilim caoch nó dall?

MAIT: 'Sé is caoch ann ná bheith dall ar feadh tamaill. 'Sé is dall ann ná bheith caoch go deo. *[Gáireann Mait ach clúdaíonn Dan a aghaidh lena lámha – rollann sé ar a bholg].*

DAN: Caoch go deo! Go bhfóire Dia orm!

MAIT: Tá na cailíní tar éis fios a chur ar an dochtúir – má éiríonn leis teacht anso lena chapall agus trap tabharfaidh sé go dtí an t-ospidéal thú.

DAN: Trap! Níl gluaisteán aige?

MAIT: Contae Chiarraí, 1923 ? Aon diabhal gluaisteán!

DAN: Tá go maith, fanfad leis.

MAIT: Ceist agam ort, a Dan, *[Íslíonn a cheann i modh comhcheilge]* an bhfuil aon chur amach ar mhnáibh agat?

DAN: Mná is an pianó, sin a bhfuil d'eolas agam ar an saol.

MAIT: Go maith, ní fearr riamh é. Bíodh an pianó agat, ach tá eolas ar na mnáibh uaim. Déanfad margadh leat, tabharfadsa aire dod' shúil is gheobhad an dochtúir duit, agus cuirfidh tusa comhairle orm i dtaobh na mban, agus ní hamháin sin ach ... *[Seo isteach de ruathar an bheirt chailíní. Sa radharc so, tá Tess ag déanamh a dícħill chun go dtabharfaidh Dan fé ndeara í. Tá éadaí difriúla uirthi agus seasann sí sa tslí ar Katie faoi dhó – rud a thugann Katie fé ndeara].*

KATIE: A Mhait, a Mhait, tánn tú thar n-ais chugainn, cad a tharla idir tú féin agus ... agus ...?

MAIT: Cáit?

KATIE: Cáit. Chonaic mé í tar éis di bheith ag caint leat, ní raibh sí róshásta, mheasas.

MAIT: *[Leathann sé na lámha].* Chuaigh an scéal in achrann orainn.

KATIE: Cad a tharla?

MAIT: D'imigh sí agus pus uirthi.

DAN: Pus uirthi an chéad lá le chéile?

TESS: *[Is maith léi focail Dan a athrá].* 'Sea, an chéad lá le chéile!

MAIT: Bhíos ag iarraidh cabhrú léi.

KATIE: Fan go fóill, cabhrú léi! Conas cabhrú?

MAIT: *[Míchompordach ar fad].* 'Sea, tá's agat, theastaigh uaithi rudaí a fháil amach.

KATIE: *[Eagla ag teacht uirthi].* Rudaí? *[Moill bheag].* Cén sórt rudaí?

MAIT: Á, tá's agat, rudaí mar ... mar ... mar ... rudaí a bhí á rá agaibhse mar gheall uirthi!

KATIE: An bheirt againne? *[Clúdaíonn sí a béal].* A Thiarna, cad dúirt an bheirt againne? *[Tugann sí coiscéim siar uaidh].* Abair amach é, a Mhait, an scéal go léir!

MAIT: An scéal go léir! Gach rud! *[Moill fhada].* Fan anois, táim ag cuimhneamh, ó, 'sea, *hand-me-downs ... [Iontas ar an triúr].* ... ina codladh le madraí, níos sine ná Dia, dearmad déanta aici ar an áit as a dtáinig sí, agus ... an buicéad.

KATIE: An buicéad! Ní dúirt! I gcuntas Dé, táimid millte agat. Canathaobh?

MAIT: Is *socialist* mé.

KATIE: Conas a d'fhéadfá rudaí mar sin a chaitheamh léi – madraí, *hand-me-downs,* buicéad! *[De bhéic].* Conas a d'fhéadfá?

MAIT: *[Tuigeann sé – ródhéanach].* Níl a fhios agam! B'fhéidir gurbh í an bhean úd.

KATIE: Cé acu bean?

MAIT: An bhean a léigh mo chuid duilleoga tae an tseachtain seo caite. Táim an-suaite im' aigne ó shin.

KATIE: Cad dúirt an bhean feasa?

MAIT: Rud aisteach, mhuis – dúirt sí go raibh mé le scaoileadh saor. Táimse saor; mar sin, cad is brí leis an gcaint sin? Ní thuigim.

TESS: D'fhéadfadh Cáit é sin a mhíniú duit. Tá na súile aici.

MAIT: Sin í an fhadhb, ní labhróidh sí liom.

KATIE: Tánn tú i dtrioblóid mhór, a Mhait, a mhic, seans ná beidh aon fháilte romhat anso a thuilleadh. Tá Cáit tar éis stailc a chur suas, is ní dhéanfaidh sí aon bhuille oibre. *[Béic]*. Caithfimidne é a dhéanamh! Agus an milleán ar fad ortsa! Tá Mam chun labhairt leat! Gan aon chailín a thuilleadh againn! Cuirfidh Mam an ruaig ort.

DAN: A Mhait, is tusa an t-aon seans atá agam. *[Casann sé ar na cailíní]*. Tá sé chun cabhrú liom éalú abhaile.

KATIE: Ní bheidh aon éalú ann go dtí go mbeidh Cáit breá sásta arís agus obair á déanamh aici.

TESS: Sin í an fhadhb, ní labhróidh sí le héinne.

MAIT: Mhaslaigh mé í i ngan fhios dom féin. Ach tá rud eile ann.

DAN: Cad é?

MAIT: Rud aisteach! Bím ag cuimhneamh uirthi gach lá.

DAN: Sin grá, a Mhait!

MAIT: Ní hea, níl aon spéis agam i mnáibh, ní rabhas riamh i ngrá.

DAN: Sin é díreach é. Ní aithníonn tú é an chéad uair agus tar éis tamaill bíonn tú gafa. Ródhéanach! *[Buaileann sé a mhéar ar a shúil]*. Is geall le piléar é. A Mhait, ní éalóidh tú as an ngaiste ina bhfuil tú anois muna mbeidh bainisteoir agat.

MAIT: Bainisteoir!

DAN: 'Sea, bainisteoir rómánsúil.

MAIT: Bíodh sé ina mhargadh!

KATIE: Seans go labhródh Cáit le strainséir. *[Féachann gach duine ar Dan]*.

MAIT: Cad déarfá, a Dan?

DAN: Cad déarfainn léi?

TESS: Déarfainn, a Dan, nach raibh aon ghanntanas focal le bean riamh agat!

KATIE: Abair léi gur amadán cruthanta é Mait Daly ach go bhfuil a chroí san áit cheart.

MAIT: Abair é sin más cabhair ar bith é.

KATIE: A Dan, a bhuachaill, téirse síos chuici san oíche amárach. Cuimhneoidh tú ar sheift éigin ach ba mhór an chabhair dúinne go léir é dá ndéanfá é. Anois caithfimid bia a thabhairt dos na mucaibh. *[Le Mait].* Muna n-oibríonn sé seo le Cáit is tusa a bheidh ag beathú na muc.

TESS: *[Deineann sí deimhin de gurb ise an duine deireanach amach].* Slán, a Dan! *[Imíonn an bheirt].*

MAIT: 'Bhfuil tiomáint gluaisteáin agatsa? *[Croitheann Dan a cheann].* Éist leis seo. Bímse ag déileáil le gach rud ó thosnaigh an diabhal cogaidh seo. Tá *Rolls Royce Whippet* agam i bhfolach ní i bhfad ón áit seo, ach níl aon pheitreal inti. Ach tá sé ag teacht sa saol mar a bhí ordaithe agam. Bheifeá san ospidéal i gCill Airne gan aon mhoill. Ná fiafraigh díom cad as a dtáinig an *Whippet*.

DAN: Ní dhéanfad! *[É ag siúl].* Tá sé seo ar fheabhas ar fad. Braithim go bhfuil seans agam. 'Sea, a mhic, tá liom! *[Suíonn in aice le Mait].* Anois, a Mhait, inis dom cén fáth nach maith leat mná.

MAIT: Tá an-chuid cúiseanna agam.

DAN: Ní fhéadfainn féin cuimhneamh ar cheann amháin. An rabhais riamh in éineacht le bean?

MAIT: Is deacair an cheist sin a fhreagairt.

DAN: Ní rabhais.

MAIT: *[Moill an-fhada – agus de ghlór an-íseal nuair a labhraíonn beagnach i gcogar].* Tá go maith, ní rabhas. *[Go tapaidh].* Ach tá cúis leis. Níor inis mé d'éinne riamh é. Ní féidir é a insint duitse. Ní hé an rud a cheapann tú!

DAN: *[Éiríonn Dan is siúlann timpeall an tseomra].* Ní féidir é a insint domsa! *[Siúlann gan aon rud a rá].* An bhféadfá é a insint dos na cailíní?

MAIT: Ní fhéadfainn.

DAN: A máthair, Julianne Dillon?

MAIT: Ní fhéadfainn.

DAN: Éinne?

MAIT: Ní fhéadfainn.

[Stadann Dan ag an bhfuinneog is féachann amach ar an iothlainn].

DAN: Cáit?

MAIT: Cáit? *[Moill].* Cáit? B'fhéidir ...

DAN: Táimid i gceart. Agus abair léi nár labhair tú le héinne eile mar gheall air ach í féin. Taitneoidh sé sin léi.

MAIT: Ní labhróidh sí liom.

DAN: Labhróidh sí tar éis domsa a bheith ag caint léi.

MAIT: Tánn tú an-siúrálta díot féin.

DAN: Tá, le Cáit – is maith linn a chéile. Abair léi go bhfuil rún le ligean agat agus go bhfuil sé tábhachtach go gcloisfeadh sí é.

MAIT: An oibreoidh sé sin?

DAN: Oibreoidh, beidh spéis aici ann.

MAIT: Ach níl aon spéis agam i mnáibh.

DAN: Is breá leat bheith ag caint léi.

MAIT: Is breá.

DAN: Canathaobh?

MAIT: N'fheadar. Is rud é a bhraithim.

DAN: Tánn tú i ngrá, Daly.

MAIT: An dóigh leat? Bhí tú in éineacht le han-chuid ban?

DAN: Ní raibh mo dhóthain riamh agam. Tá mná ag teastáil ón mbeirt againn, tusa ar dtús.

MAIT: Mise ar dtús! Canathaobh go bhfuil eagla ag teacht orm? Seo, tá an dinnéar ag feitheamh linn. *[Exeunt]*

[Soilse anuas]

RADHARC 5

[Sa stór arís, seomra Cháit. Tá sé dorcha agus is ar éigean a fheictear aon rud ach imlíne éadrom. Ní fheicimid an leaba mar tá Cáit tar éis na cuirtíní – déanta as saic – a chrochadh timpeall na leapa ag déanamh leaba ceithre phost as, mar dhea, ach ní chloistear Cáit laistigh des na cuirtíní. Leanann an dorchadas go dtí go gcloisimid coiscéim Dan ag an doras. Cloisimid freagairt láithreach laistigh des na cuirtíní agus cloisimid cosa nochta ag tuirlingt ar an urlár].

DAN: *[Moill bheag].* A Cháit! *[Láithreach cloistear an leaba ag díoscán – Cáit ag éirí. Sin an méid is ní chloisimid a thuilleadh is ní fheicimid aon rud. Leanann Dan air ag siúl, díreach coiscéim amháin].* Dúirt siad liom go mbeadh sé ceart go leor dá mbuailfinn isteach anso? Agus ... *[Buaileann sé in aghaidh rud éigin agus titeann sé].* ... mo leithscéal, a Cháit, ach ... níl, níl aon rud briste ... 'sea táim im' sheasamh arís. *[Cloisimid díoscán mall ón leaba mar tá Cáit tar éis suí uirthi].* Tá áit an-deas anso agat, a Cháit, ach tá sé beagáinín dorcha. *[Cloisimid bróg ag titim laistigh].* Ahá, tá mála ina sheasamh anso ... 'bhfuil cead agam suí air, a Cháit, táim fós rud beag lag. *[Fanaimid le freagairt ó Cháit, ach ní chloisimid ach Dan ag análú agus é ag socrú síos ar an mála].* 'Sea, táim ann, go raibh maith agat, a Cháit. *[Moill].* Tá súil agam nach miste Cáit a thabhairt ort, gan do chead. *[Fanaimid le freagairt, ach ní chloistear faic].* Bhuel, a Cháit, tá áit an-bhreá anso agat ach ... ach chuideodh solas ... tá tóirse anso agam- *[Cloistear spaspas laistigh is fuaim roithleáin á tharrac agus roinnt rudaí beaga ag titim, ansan ciúnas teann].* Gabh mo leithscéal, a Cháit, ach tá sé briste, 'dtuigeann tú, briste, ní lasfaidh mé é. Pé scéal é, tá an dorchadas go deas. Agus deir Mait go bhfuilim leathchaoch cheana féin, mar sin, is cuma. *[Deineann gáire beag]*. Bhuel, a Cháit, cloisim go bhfuil sos á thógaint agat agus tá sé in am agat mar, de réir mar is clos dom, oibríonn tú róchrua. *[Tá sí an-sásta leis seo – cloisimid rudaí uaithi a deireann linn go bhfuil sí ag éirí socair sámh inti féin arís – éadaí ag cuimilt dá chéile, díoscán an-mhall as an leaba, bróg á cur go socair ar an urlár, etc]*. Tá feirm againn sa bhaile i mBóthar na Bruíne, in aice le Bóthar an tSeanbhábhúin, i ndeisceart Bhleá Cliath. Ní maith liom feirmeacha – níl uaim ach ceol. Ní feirmeoir mé. An pianó ... *[Moill go dtí go gcloistear coiscéimeanna ag teacht is ag dul i méid is i méid, agus ag stopadh lasmuigh den doras. Teannas uafásach laistiar des na cuirtíní, bróga á gcaitheamh le falla, etc. Ansan, imíonn na coiscéimeanna agus braithimid an teannas ag dul in éag leo]*. A Cháit, táim anso chun heileo a rá *[Díoscán mall istigh]* agus ba mhaith liom leis focal maith a chur isteach ar son Mhait Daly ... *[Teannas istigh, dhá bhróg á gcnagadh ar an urlár]*. Is fear uasal é ... *[Éadaí á gcrapadh le chéile istigh; titeann muigín ar an urlár; brostaíonn Dan chun a chaint a chur de sara leagann sí an áit]*. Is duine breá ar fad, ar fad é. Ar mo leabhar, a Cháit, duine iontach ... ach uaireanta deir sé rudaí nach mian leis a rá. *[Tosaíonn na cuirtíní go léir ag bogadh]*. 'Sea, uaireanta bíonn sé ciotrúnta ina chuid cainte ach, laistiar de gach rud, tá uaisleacht ann. *[Laistigh cloistear éadach á shracadh]*. Tá go maith, a Cháit *[Rudaí ag titim, bosca lán de rudaí beaga ag titim]* – ní labhróimid a thuilleadh faoi Mhait Daly ach, a Cháit, tá sé glan as a mheabhair i ngrá leat. *[Stadann gach rud, laistigh is lasmuigh. Moill fhada sara labhraíonn Dan arís]*. Is cuma liom! Tá mo thrioblóidí féin agam. Mo mham. Sin í atá uaim. Dhéanfadh sí jab ceart dem' shúil. Teastaíonn uaim dul abhaile. Teastaíonn uaim bheith léi, cois tine istoíche, nó i ngort cruithneachta sa samhradh, nó ag imirt cártaí sa gheimhreadh. *[Moill]*. Ach tá sí marbh. *[Fuaimeanna ísle laistigh]*. Uaireanta ní bhíonn an saol féaráilte, díreach nuair a bhíonn géarghá agat léi tá sí imithe. An bhfuil a fhios agat cad a dhein mé nuair a cailleadh í? Bhí m'athair ag bailiú gach rud a bhain léi chun iad a thabhairt dos na daoine bochta. Thugas liom a buidéilín cumhráin agus chuireas i bhfolach é i bpoll i gcrann úll. Uaireanta ansan – nuair a bheadh uaigneas orm – rachainn go dtí an buidéilín is bhainfinn lán mo shróine as. Ba mhar a chéile é is bheith ag caint léi. Ach bliain eile, cad a tharla ach gur dhún an crann ar an bpoll agus b'in deireadh leis an gcumhrán agus le mo mham. Uaireanta bíonn an saol ar do thóir gan staonadh. *[Tosnaíonn na cuirtíní ag bogadh mar go bhfuil rud éigin beartaithe ag Cáit].* Ach, fan go fóill, dhá bhliain go díreach ina dhiaidh sin agus mé trí bliana déag d'aois, cad a fuaireas lá amháin ach boladh an chumhráin arís. Is amhlaidh a bhris an crann an buidéal agus bhí mo mham ar fud na feirme dá bharr. Agus mo dhaid beagnach as a mheabhair san úllord agus gach 'sin cumhrán Julia' as! Níor inis mé riamh dó é. Dá bhrí sin, an dtuigeann tú, a Cháit, níor imigh mo mham uaim i ndáiríre. Nuair a bhím uaigneach labhraím léi agus i gcónaí braithim níos fearr. *[Go hobann, druidtear na cuirtíní agus braithimid go bhfuil duine ann. Tuigeann Dan go bhfuil rud éigin ar siúl ach fanann sé ina thost. Druideann* CÁIT *isteach taobh leis – ní fheicimid ach imlíne].*

CÁIT: Cathain a fuair sí bás?

DAN: Deich mbliana ó shin – bhíos aon bhliain déag. Sin tamall fada.

CÁIT: Níl sé chomh fada is a cheapann tú. Cathain a labhraíonn tú léi?

DAN: Istoíche is mé im' luí. An labhraíonn tusa le duine éigin?

CÁIT: Scéal iontach é sin, an cumhrán agus an crann úll, *Sir*.

DAN: A Cháit, tabhair Dan orm – 'sé is fearr liom.

CÁIT: *[Tost fada. Ansin go han-íseal ...].* Dan.

DAN: An labhraíonn tusa le duine éigin?

CÁIT: *[Moill fhada].* B'fhéidir.

DAN: An ndúirt an duine sin leat na cuirtíní a tharrac agus labhairt le Dan?

CÁIT: *[Moill fhada].* Abair le Mait Daly go labhróidh mé leis – uair amháin.

DAN: Á, a Cháit, abair cúpla uair – ní bheadh san aon uair amháin ach blas.

CÁIT: Níl aon spéis agamsa sna fearaibh.

DAN: Go hiontach! Níl aon rud le cailliúint agat, más ea. Abair cúpla uair!

CÁIT: *[Gáire].* Tá bua na cainte agat. Tá go maith, cúpla uair.

DAN: Go raibh maith agat, a Cháit, is duine fial thú.

[Soilse anuas]

Radharc 6

[Tá Mait ina aonar sa déirí ag faire amach an fhuinneog nuair a chloisimid Cáit ag teacht. Tá sé an-neirbhíseach agus deineann sé iarracht a chuid éadaigh a shocrú. Isteach léi agus an buicéad ina gabháil aici; gan féachaint air, socraíonn sí í féin ar mhála. Sa radharc so, is ar éigean a fhéachann sí air le teann teannais].

MAIT: Cáit Murphy, bhí orm labhairt leat arís, mar tá brón an domhain orm de bharr a ndúirt mé an tseachtain seo caite. *[Tá sise ag féachaint ar an urlár, eisean ag siúl timpeall an tseomra agus ainnise air. Ansan go hobann stadann sé].* Dhein mé tú a mhaslú! *[Féachann sí isteach sa bhuicéad, rud a chuireann as go mór do Mhait. Siúlann sé a thuilleadh, stopann sé, féachann uirthi; ní fhéachann sí thar n-ais air; siúlann sé a thuilleadh. Tá sé ag pléascadh le teannas].*

CÁIT: *[Go mall mánla ach gan a bheith grámhar].* Sir, canathaobh go ndúirt tú na rudaí sin liom?

MAIT: Níl tuairim agam. *[Is ní chloisimid ach a choiscéimeanna go dtí go stopann sé go hobann taobh léi].* Tá go maith! *[Féachann sí air go ceisteach; is mall a thagann sé uaidh].* Bhí mé go dona; níl a fhios agam cad a phrioc mé.

CÁIT: Níl ansan ach leath den bhfírinne.

MAIT: Leath! *[Tosnaíonn sé ag siúl arís go dtí go bhfilleann sé thar n-ais uirthi].* Leath! Uaireanta ní bhíonn aon mhaith sna focail. Ní *socialist* mé mar ní thuigim é. Níl ionam ach fear simplí ó Ghleann na Splince. Dá bhrí sin, b'fhéidir ... *[Siúlann timpeall uirthi is thar n-ais].* B'fhéidir ...

CÁIT: B'fhéidir?

MAIT: *[Labhraíonn sé go tapaidh chun a bheith réidh leis].* B'fhéidir gur fhéach mé anuas ort, beagán, 'sea beagán, mar dáiríre, agus tá sé seo deacair a mhíniú, toisc nach bhfuil aon spéis agam i mnáibh, ach nuair nach mbíonn tú ann bím ag cuimhneamh ort! *[Is faoiseamh é, a rá is gur éirigh leis an méid sin féin a rá].* Ach fuaireas amach inniu gur amadán mé.

CÁIT: Amadán mise freisin ach bhí a fhios agam é i gcónaí.

MAIT: Cén saghas amadáin thusa?

CÁIT: Bíonn iontaoibh agam as daoine ... iontaoibh agam astu a bheith deas liom. *[Ciúnas mar go mbraitheann sé gur chuige féin atá sí].*

MAIT: An maith leat bláthanna? *[Féachann sí air agus alltacht uirthi de bharr a leithéid de non sequitur].* Chonac cloigíní sneachta ar maidin.

CÁIT: An bhfaca? *[Ní spéis léi iad].* Cá háit?

MAIT: In aice an stábla tríd an sneachta ... *[Ag dul róchóngarach di]* ... tabharfaidh mé síos thú ... *[Cruinníonn sí í féin chun teitheadh].*

CÁIT: Caithfidh mé na muca a dhéanamh, *Sir*! *[An rud a deir sí i gcónaí nuair a bhíonn eagla uirthi].*

MAIT: *[Tuigeann sé a bhotún].* Ná bac, ní raghaimid go dtí na cloigíní sneachta. *[Stopann sí ach ní fhéachann sí air].* Mo gheallúint, deireadh le bláthanna! *[Gáire].* Deireadh! *[Suíonn sí go mall arís].* Mait, m'ainm, 'sé sin ... má bhíonn tú *[an-íseal].* Ag caint liom. *[Ní fhéachann sí air].* James a thugtar orm as Béarla! Is ait san, nach ait, James agus Mait?

CÁIT: *[Féachann sí ar chúl an dorais].* Níl aon spéis agam sna fearaibh ..., *Sir*.

MAIT: Ó, más ea, mairfimid araon bliain eile, mar níl aon spéis agamsa sna mnáibh. *[Ciúnas fada míchompordach].* É ... cad é do mheas ar dhuilleoga tae, *tay laves*?

CÁIT: *[Le féachaint dochreidteachta air as non sequitur eile].* Tá siad an-deas más féidir leat an tae a cheannach.

MAIT: Rud a tharla dom, a Cháit, ba mhaith liom é a insint duit.

CÁIT: Cén fáth mise?

MAIT: Ceist mhaith. Mar mheas mé go mbeadh suim agat ann agus go n-éisteofá liom. *[Ní fhreagraíonn sí is ní fhéachann sí air. Fanann sé le focal uaithi].* Bhuel, tharla sé thall sa Bhearnaidh. 'Bhfuil tú liom, a Cháit? *[Ní fhreagraíonn sí é].* Bhíos ag gabháil ó dheas le scata capall nuair a chonac í romham sa tslí, bean is clóca Chionn tSáile uirthi. Stop sí mé. 'Táim chun do chupán tae a léamh duit,' ar sise. Ceo ar fad a bhí ann. 'An bhfeiceann tú mise ag ól tae?' arsa mise. 'Tá do chupán anso agam duit,' ar sise, 'seo duit é', is thóg sí amach as féna clóca cupán breá tae. Riamh níor ólas tae níb fhearr ná é. 'Sea,' arsa mise, 'cad deir na *tay laves*?' Thug sí tamall ag iniúchadh an chupáin sarar labhair sí. 'Deir na *tay laves* go bhfuil tú le scaoileadh saor.' 'Mé a scaoileadh saor,' arsa mise, 'táimse saor cheana féin, go raibh maith agat.' 'Níl a fhios agam,' ar sise, 'ach sin a deir na *tay laves*,' agus ghlan sí léi isteach sa cheo. Anois, a Cháit, an uair dheireanach go rabhamar ag caint, d'úsáid tú na focail chéanna; dúirt tú go gcaitheann daoine an saol a cheaptar dóibh go dtí go scaoiltear saor iad. Bhíos ag ceapadh go mb'fhéidir go bhféadfá ciall éigin a bhaint as 'scaoileadh saor' dom. *[Tá sí ina tost].* Deir daoine mar gheall ort go bhfuil na súile agat.

CÁIT: Deir daoine? Cé hiad? Na daoine a d'inis duit faoi na *hand-me-downs*, an ea? *[Leanann ciúnas fada é seo].*

MAIT: Deir daoine go bhfuil bua agat, an-tuiscint ar an saol. Chíonn tú ... rudaí. *[Moill].* Bheinn an-bhuíoch díot, a Cháit.

CÁIT: *Sir,* tá tú ag lorg eolais uaim. Níl aon eolas agamsa ar aon rud. *[Moill – mar tá náire uirthi é a rá; deireann sí é i gcogar].* Ní rabhas riamh ar scoil.

MAIT: Riamh?

CÁIT: Tusa?

MAIT: Ar scoil? Mise? Ó bhí, siúrálta.

CÁIT: *[Ag éirí anamúil].* Bhís! An raibh tigh na scoile i bhfad uait?

MAIT: Ní raibh, síos trí na páirceanna leis na páistí eile.

CÁIT: *Sir, [Í an-tógtha],* an raibh mála scoile agat?

MAIT: *[Is ionadh leis an cheist].* Mála scoile? Bhí, siúrálta.

CÁIT: Ní raibh ceann riamh agam; ba bhreá liom mála scoile. Cad a bhí agat i do mhála scoile?

MAIT: Tá's agat ... an gnáthbhruscar – cóipleabhar, peann agus dúch, úll, agus uair amháin, iora rua.

CÁIT: Iora rua? Ní fhaca ceann riamh.

MAIT: Bhí sé tar éis teitheadh isteach sa mhála ó mhadraí. Ach chuir m'athair thar n-ais mé go dtí an choill ina bhfuaireas é agus scaoil mé saor é.

CÁIT: *[Í athraithe go mór anois].* Beidh cuimhneamh aige go deo ar a thamall sa mhála.

MAIT: Canathaobh nár chuais ar scoil in éineacht leis an gcuid eile?

CÁIT: *[Níl sí cinnte ar cheart di é a fhreagairt mar níor fhéach sí fós air].* Ní ligfí dom, *Sir.*

MAIT: Cé hiad, t'athair is do mháthair? *[Níor dhein sí ach a ceann a chasadh beagán].* Cad a bhí ar siúl agat nuair a bhí an chuid eile ar scoil?

CÁIT: Ag ní na ngréithre sa doirteal, *Sir.*

MAIT: Ag ní ... A Cháit, cén aois a bhí agat nuair a chuaigh tú in aimsir?

CÁIT: A sé.

MAIT: A sé? Sé cad é?

CÁIT: A sé. *[Moill an-fhada].*

MAIT: A sé! Nuair a bhí tú sé bliana chuaigh tú in aimsir! *[É ag áireamh].* Sin ocht déag nócha a dó ... ní hea, a trí.

1893. An fiabhras? *[Géilleann a féachaint ina threo].* T'athair is do mháthair glanta le chéile in aon oíche amháin. *[Géilleann sí].* Ó, a Dhia na bhfeart. Agus do dheartháir! Cailleadh an triúr acu an tseachtain chéanna. *[Tosaíonn sí ag pusaíl ghoil. Téann sé anonn chuici ach fanann cliathánach uaithi].* Tuigim anois, bhí talamh ag do mhuintir ach tháinig na gaolta is roinn siad eatarthu féin é. Agus bhí orthu sclábhaí a dhéanamh díot agus tú a chur i bhfolach i dtreo is nach bhfeicfidís thú mar bhraithfidis ciontach. *[Siúlann sé timpeall].* 'Sea, chuaigh tú in aimsir, nó i sclábhaíocht ba chirte a rá. Nuair a bhí tú sé bliana d'aois. Ní haon ionadh gur dhearmad tú do dheartháir. Gan éinne sa tsaol a thógfadh a lámh chun tú a chosaint.

CÁIT: *[Éiríonn Cáit is téann go dtí an doras].* Táimse ag imeacht anois, *Sir*.

MAIT: *[Ag dul go dtí an doras freisin].* A Cháit!

CÁIT: *[Go dubhach].* Ní bheimid ag bualadh le chéile arís, *Sir*

MAIT: Ó, cén fáth?

CÁIT: Mar is fearr liom mar sin é.

MAIT: *[Tá alltacht air is bogann sé uaithi go bacach chun í a fheiscint níos fearr].* Ach, a Cháit ... *[Bogann sé anonn chuici arís; leagann sí a lámh ar an laiste].* Ach, a Cháit, cén fáth? Bhí caint an- *[Imíonn sí, is leagann sé a lámh ar an doras is féachann ina diaidh. Siúlann sé go lár an stáitse, casann is fanann ag féachaint i dtreo an dorais. Gan choinne tagann Cáit thar n-ais is sánn a ceann an doras isteach].*

CÁIT: *Sir*, thaitin scéal an iora rua liom. *[Tugann sí féachaint leathshoicind amháin air is glanann léi. Fanann Mait i lár stáitse agus iontas air, ag caint os íseal leis féin].*

MAIT: Ach canathaobh gur ... gur imigh sí?

[Soilse anuas]

GNÍOMH 2

RADHARC 1

[Soilse aníos ar Mhait, Katie, agus Dan sa déirí].

DAN: Conas a d'éirigh leat, a Mhait?

MAIT: *[Míshásta leis an gceist].* An lug ar an lag, a mhic. Ní labhróidh sí liom go deo.

DAN: Arís!

KATIE: Ar mhaslaigh tú í an turas seo?

MAIT: Bhíos nótáilte ar fad – mánla, fial, fearúil, grástúil. Bhí stíl agam, a Katie – thitfeadh aon bhean i ngrá liom bhíos chomh maith sin.

KATIE: Tharla rud éigin! Dhein sí na muca.

MAIT: *[Ag léimt – beagnach].* Féach air sin – dhein sí na muca, cruthú go bhfuil sí ag titim i ngrá liom.

DAN: Fan go fóill, cad é an bhaint atá ag muca le grá. Ní thuigim sibhse Ciarraígh.

KATIE: Níl sí ar fad i ngrá leat, a Mhait, mar níl aon obair tí déanta aici. A Dan, an bhféadfása cúpla cleas a mhúineadh dó.

DAN: Fág fúmsa é, a Katie. Ceapaim go dtuigim Cáit. Níl sí cosúil linne. Dá bhrí sin, níl aon iontaoibh aici asainn. Ach tuigeann sí mise. A Mhait, caithfidh tú insint di go bhfuil grá agat di.

MAIT: Ach tuigeann sí é sin, tá sé cruthaithe agam.

DAN: Níl ach slí amháin chun é a chruthú, é a rá. An focal grá a úsáid!

MAIT: An focal grá a úsáid ..., an focal grá a úsáid ..., an fo- ...

[Tagann Tess isteach agus slat ina lámh].

TESS: Á, nach bhfuil sé seo an-deas, Mademoiselle Dillon ag déanamh gaisce le Count Donnelly ina *boudoir* an fhaid atá Tess ag tabhairt bainne dos na gamhnaibh laistiar. *[Siúlann sí anonn go dtí Katie is tugann an tslat di].* Mademoiselle, tá na gamhna ag feitheamh leat.

KATIE: Nach féidir le Cáit é a ... Déanfaidh Mait é!

MAIT: Ní dhéanfaidh, mar tá Mait bocht ag foghlaim grá.

KATIE: *[Imíonn sí agus fágann slán ag Dan].* Slán go fóill, a Dan.

MAIT: Níl a leithéid de rud ann agus 'slán, a Mhait', is dócha. *[Exit. Tá Tess fágtha le Dan. Téann go dtí an doras chun deimhin a dhéanamh de go bhfuil an chuid eile imithe].*

TESS: Fé dheireadh! Mise fé ndear é seo!

DAN: Fé ndear ... cad é?

TESS: Sinne a bheith le chéile. Inár n-aonar!

DAN: *[Féachann Dan ina thimpeall. Is mall atá sé ach, de réir a chéile, tuigeann sé cad tá i gceist ag Tess. Níl sé róshásta ach ceileann sé é].* Sinne le chéile! 'Sea! Go maith. Ach, a Tess ...

TESS: 'Sea, a Dan?

DAN: A Tess ...

TESS: Is breá liom é nuair a deireann tú m'ainm. Abair arís é.

DAN: *[Leisce air].* Tess.

TESS: Ó, a Dan, nuair a deireann tú m'ainm mar sin bíonn fonn orm léimt isteach id' bhéal!

DAN: Léimt isteach im' ... *[Gáireann sé]* ach, a Tess ...

TESS: Abair Katie.

DAN: Cad é?

TESS: Katie, ainm mo dheirféar. Abair é.

DAN: *[Bréan den scéal].* Katie.

TESS: Is cosúil le hainm cait é.

DAN: A Tess, an éisteann tú riamh?

TESS: Éisteoidh mé nuair a déarfaidh duine éigin rud éigin spreagúil!

DAN: Nílimse spreagúil.

TESS: Sin é a cheapann tú. *[Leagann sí lámh ar a ghualainn ar feadh soicind]*. A Dan, cén saghas ceoil is fearr leat?

DAN: Ceol? Ó, aon rud ó *Moonlight Sonata* go snagcheol.

TESS: *Moonlight Sonata*! Níor chuala riamh é ... déarfainn go bhfuil sé go hiontach. Is mar sin a bhuann siad ort. *Moonlight Sonata* ... seinn dom é.

DAN: É a sheinm? Níl aon phianó agam.

TESS: Ná bac an pianó, dein é a chrónán.

DAN: É a chrónán! *Moonlight Sonata* – níor deineadh riamh é!

TESS: Seo leat, bain triail as ... ní mharóidh sé thú.

DAN: *[Féachann sé uirthi, ansan ar an urlár, agus deineann iarracht é a chrónán ó thosach go deireadh. Tá an toradh go huafásach]*.

TESS: Bhí sé sin go hiontach, a Dan. Tá ceol ag teastáil uainn sa tigh seo. Tá an gramafón briste. A Dan, 'bhfuil cailín agat?

DAN: Bhí roimh an gcogadh, ach tá sí imithe. 'Bhfuil buachaill agatsa?

TESS: Buachaill! Bhuel, á, tá sé deacair é a ...

DAN: An raibh taithí agat le ... le fearaibh?

TESS: 'Bhuel, téim go dtí na rincí agus –

DAN: Ach de bharr an chogaidh níl aon rincí ann.

TESS: Sin é, ach –

DAN: Ach ní raibh taithí le fearaibh agat.

TESS: *[Braitheann sí íslithe aige]*. Bhuel, a Dan, tá's agat, buailim leo ó am go chéile ... ag an siopa, tar éis cluiche, tar éis an Aifrinn ...

DAN: Mar a dúrt, níl aon taithí agat leis an gcineál eile.

TESS: 'Bhuel, a Dan, bhí ... *experience* agam ... leis an ... gcineál eile ... ach ...

DAN: Ach?

TESS: Ach ní labhraím mar gheall air.

DAN: *[Éiríonn sé as an gcathaoir].* Tig leat é a rá liomsa.

TESS: B'fhéidir ná tuigfeá.

DAN: Tabhair seans dom, tá an-tuiscint agamsa ar gach rud – féach mise is Cáit!

TESS: Tá go maith. Ach ... ní inniu, abair an chéad uair eile a mbeimid le chéile.

DAN: An chéad uair eile? Anois an t-am is fearr. Tá go maith, mar sin, an chéad uair eile. Agus an scéal ar fad – is fear mé, caitheann na fir an scéal ar fad a chloisint, gan aon rud a choinneáil siar.

TESS: An scéal ar fad! *[Cuireann sí a lámh ar éadach na tuiní atá air agus deineann é a chuimilt].* Nach breá an t-éadach é! Cé acu taobh lena raibh tú sa chogadh?

DAN: Leis an taobh ceart!

TESS: Agus cad é an difear idir sibhse is an taobh mícheart?

DAN: Tá éidí níos fearr againne.

TESS: *[Agus a lámh fós ar a ghualainn].* Is fuirist é sin a fheiscint. Agus, a Dan, is oifigeach thú. Déarfainn gur oifigeach iontach thú!

DAN: Dhera, éist, ní raibh ná iontach.

TESS: Agus más ea, cad é a bheir duit id' oifigeach?

DAN: An pianó, mé ag seimint air ó bhí mé sé bliana d'aois. Chuaigh mé isteach san arm tar éis argóint a bheith agam lem' dhaid. Agus, lá amháin, sheinn mé amhrán i gcuibhreann na n-oifigeach.

TESS: Ó, cad é an t-amhrán?

DAN: *I'm gonna Charleston back to Charleston. [Deineann sé an t-aer a chuimilt].* Bhailigh na hoifigigh go léir im' thimpeall. Ina dhiaidh sin, chuireadar ar chúrsa mé chun bheith im' oifigeach. Lá amháin, tháinig ginearál isteach sa seomra agus dúirt gur maraíodh Michael Collins. 'Cé hé sin ?' arsa an gamal seo a bhí suite taobh liom. Deineadh oifigeach láithreach díom agus níl aon tuairim agam cad tá ar siúl ó shin. 'Sea, táim anso agus is gráin liom é. B'fhearr liom bheith i mBleá Cliath ag seimint sna hallaí ceoil.

TESS: Ó, a Dhia na bhfeart. Na hallaí ceoil, an bhfeicfidh mé go deo iad? A Dan ...

DAN: 'Sea?

TESS: A Dan, an gceapann tú go bhfuil seans againn go deo go mbeadh mise agus tusa ...?

DAN: 'Sea ...?

TESS: Mise agus tusa, a Dan, sin é an frása is deise sa Ghaeilge! Is breá liom é nuair a deirim é, mise agus tusa.

DAN: 'Sea, mise agus tusa agus ruball na muice.

TESS: Mise agus tusa ... slí eile chun suirí a rá.

DAN: Tabharfaidh mise slí níos fearr duit chun suirí a rá – *gangrene*!

TESS: Ná habair é – tá an dochtúir ag teacht.

DAN: Agus seans go bhfuil slí níos fearr agat chun dinnéar a rá san áit seo!

TESS: Ó, gabhaim pardún agat, a Dan. Seo ... *[Beireann sí ar lámh air is é á sheoladh go dtí an doras aici. Ag an doras stopann sí é]*. A Dan, mise agus tusa ...

DAN: Cad é?

TESS: Ba cheart go mbeadh sé follasach ...

DAN: Follasach?

TESS: Nach léir leat, a Dan, a chroí, go bhfuilimid ceapaithe dá chéile?

DAN: *[Tá bainte siar as Dan is taispeánann sé é, mar tá sé ag féachaint go hait uirthi]*. Pé rud a deirir, a Tess, pé rud.

[Soilse anuas]

RADHARC 2

[Solas aníos ar an déirí. Mait suite ar mhála agus é ag léamh go dtí go gcloiseann sé Cáit ag teacht. Léimeann sé in airde agus lena lámha tugann sé cuireadh di suí. Suíonn sí go mall ach coimeádann a droim le Mait an t-am go léir sa radharc seo].

MAIT: Tá mo chéad *penny dreadful* á léamh agam.

CÁIT: *[Níl aon iontaoibh aici as].* An saighdiúir, *Sir,* dúirt sé go raibh comhairle á lorg agat. Níl aon chomhairle le tabhairt agamsa duit.

MAIT: Is bean thú. Is bean bhreá thú, *[Geiteann a corp beagán].* ... 'sea, 'sea, níl spéis agat sna fearaibh, níl spéis agamsa sna mnáibh. Is bean thú agus tá na tréithe atá uaim agat. Tógadh mé gan tréithe na mban. Ní raibh aon bhoige im' shaol. Tógadh mé ach ní raibh an tógaint go maith. Agus níl aon mheas agama ar an saol dá bharr.

CÁIT: Ar an saol ar fad?

MAIT: Tá meas agam ortsa. *[Geiteann sí].* Ná habair liom go bhfuileann tú chun na muca a dhéanamh. *[Socraíonn sí arís].* Ach, a Cháit, *[A lámha leata],* lig dom é seo a rá – tá rud éigin mar gheall ort a deireann liom go bhféadfá cabhrú liom. Tá tuiscint agat. Oíche amháin go déanach bhí mé thuas sa chistin ... ní fhaca tú mé. Oíche spéirghealaí a bhí ann agus tháinig tú isteach le buicéad uisce, ach seo é é, bhí an ghealach fós san uisce. Chuir sé sin an croí trasna orm. Conas a dhein tú é sin?

CÁIT: Ba í an ghealach a dhein é sin. Bhí an-leisce uirthi éirí as an mbuicéad. An bhfuil sé seo tábhachtach?

MAIT: Tá. Domsa. Is comhartha é.

CÁIT: Comhartha!

MAIT: 'Sea, comhartha go bhfuil teachtaireacht ann domsa.

CÁIT: An mbíonn tú i gcónaí ag lorg comharthaí?

MAIT: Bím. Is comhartha thusa.

CÁIT: Mise!

MAIT: 'Sea. An chéad uair a chonaic mé thú, bhí buicéad agat, agus bhí sé á líonadh agat le cruithneacht agus gach gráinne de ag fógairt don saol go raibh sé tagtha. Agus arsa mise liom féin, sin aigne na mná sin, aigne atá lán de thuiscint agus de ghaois. A Cháit, an lá san thit ... mé *[Eagla air é a rá]* ... i ngrá ... *[Éiríonn sí chun teitheadh – ach socraíonn Mait thar n-ais í]*. Ní leatsa a thit mé i ngrá ach leis an ... *[Féachann sé ina thimpeall ag lorg rud éigin]*.

CÁIT: Leis an ...?

MAIT: Leis an mbuicéad.

CÁIT: *[Alltacht uirthi]*. Thitis i ngrá le buicéad!

MAIT: Bhuel, a Cháit, níor tharla a leithéid riamh cheana; dá bhrí sin, tá sé in am ag duine éigin titim i ngrá le buicéad.

CÁIT: Buicéad uisce, agus anois buicéad cruithneachta! Nach bhfuil sé sin ag dul thar fóir?

MAIT: Níl, a Cháit, mar tá tréith agat ... tréith agat chun na scáthanna atá laistigh díom a mhealladh amach. Nuair a bhím ag caint leat sin é an uair a bhraithim é. *[Nuair a bhraitheann sé mothúcháin, bíonn sé de nós aige barróg a bhreith air féin lena dhá lámh]*. Táimse tríocha a naoi bliain d'aois agus, sna blianta sin ar fad, ní raibh mé ... ní raibh mé riamh ... le ... le ... *[Tost aisteach]*.

CÁIT: Ní raibh tú riamh in éineacht le bean.

MAIT: Tá sé ráite níos tapúla agat, go raibh maith agat. Bhí mé chun comhairle a lorg ort ach cuireann sé as dom nár fhéach tú fós orm.

CÁIT: *[A droim fós leis]*. Cad tá le feiscint má fhéachaim?

MAIT: Chífidh tú ar m'aghaidh an meas atá agam ar Cháit Murphy.

CÁIT: *[Tost fada; leathéiríonn sí].* Ba cheart dom na muca a ...

MAIT: Níos déanaí. An bhféadfainn rud a tharla im' óige dom a insint duit? *[Ní fhreagraíonn sí ach as so amach ó am go chéile sroiseann a súile an t-urlár fé Mhait].* Nuair a bhí mé cúig bliana d'aois, bhris capall m'athar cos leis sa pháirc is b'éigean fios a chur ar ghunna is mharaíodar é. Bhí mé scanraithe. 'Canathaobh gur mharaigh sibh an capall?' arsa mise. 'Mar ní raibh aon mhaith ina chos a thuilleadh,' ar siad. Anois bhí mé scanraithe i gceart, agus d'éalaíos liom isteach sa choill. Bhí mé cinnte go dtiocfaidís i mo dhiaidh mar bhí cos liomsa bacach agus go lámhachfaí mé. Amach sa tráthnóna, fuair siad sa choill mé agus mé ar crith.

CÁIT: Tá an cam reilige ionat.

MAIT: Tá, tugann siad *club foot* air as Béarla agus an cam reilige as Gaeilge. N'fheadar cé acu is measa.

CÁIT: Cad é an bhaint atá aige seo le gan a bheith riamh in éineacht le cailín?

MAIT: Mar go gairid ina dhiaidh sin, d'inis seanbhean sa ghleann dom nach bpósfainn go deo mar nach mbeadh aon bhean sásta mé a phósadh mar go raibh dúchas an chaim reilige ionam. Ba mar a chéile é agus breith bháis ó bhreitheamh. As san amach go dtí an lá inniu, nuair a chífinn bean chífinn an cam reilige.

CÁIT: *[Tost fada; ansan go mall, casann sí ina threo is féachann air].* Ach ní foláir ná gur thug Dia neart duit chun an drochscéal san a fhulaingt?

MAIT: Neart! An ndeineann Dia a leithéid? Neart! 'Sea, b'fhéidir gur thug, rud aisteach.

CÁIT: Inis dom é, más ea, *Sir,* sara n-imeoidh mé den uair dheireanach.

MAIT: *[An-díomá air].* Den uair dheireanach! *[Cuireann san ag siúl arís é].* Tá go maith. *[As so amach, stopann sé go minic chun béim a leagadh ar ghné den scéal].* Lá fuar amháin fadó agus sinn ar scoil, mé tuairim is aon bhliain déag, agus gaoth ós na sléibhte ag feadaíl trí pholl na heochrach, dheineamar dán nua. *[Stopann sé].* Ba é an t-ainm a bhí air ná *'The Destruction of Sennacherib'* agus, in aice leis, bhí pictiúr deas de chamal i ngaineamhlach te. Léamar é agus ní dhéanfad dearmad go deo air mar bhíomar cosnochta agus focail theo a bhí sa dán seo. Lig dom é a rá duit:

The Assyrian came down like the wolf on the fold,
And his cohorts were gleaming in purple and gold;
And the sheen of their spears was like stars on the sea,
When the blue wave rolls nightly on deep Galilee.

Agus bhí an rang chomh tógtha san leis gur fhiafraíodar de Danny Dónail, an múinteóir, cé a scríobh é, agus ar seisean 'Lord Byron'. 'Cén saghas é sin?' ar siad. Seo le Danny suas síos an seomra scoile cúpla uair agus chonac é ag féachaint cúpla uair im' threo. Ansan tháinig sé im' leith is sheas taobh liom. Ní raibh a leithéid déanta riamh roimhe sin aige. Bhraitheas mo chroí ag léimt. 'Tiarna ab ea Lord Byron,' ar seisean, 'bhí caisleán mór aige, bhí sé saibhir, daoine mór le rá ab ea a chairde. Ba é an file ab fhearr sa Bhéarla é, agus bhí an cam reilige air. 'Cad é sin?' ar siad. 'Cos mar atá ag Mait Daly, mhuis. Agus d'fhéach a raibh sa rang trasna ormsa agus ansan síos ar an gcos, agus ansan thar n-ais ormsa arís. Den gcéad uair im' shaol chonaic mé meas ina súile, den gcéad uair! A Cháit, go dtachta an diabhal mé má chanaim bréag! Meas! Cuimhnigh, ní raibh cara ná compánach agam mar cé a thógfadh an cam reilige mar chompánach? Agus dá mbeadh garsún sásta liom ní bheadh a mháthair. Agus, a Cháit, gan choinne, an rud is mó ar fad, d'fhiafraigh an máistir den rang cé a léifeadh an dán os ard. D'fhéachadar trasna orm agus le chéile dúirt siad, 'Mait Daly, *Sir*'. I gcuntas Dé, a Cháit, níor cuireadh ceist riamh orm sa rang san; bhíos i gcónaí im' ghligín acu. D'éiríos im' sheasamh agus d'fhéadfaí léimt mo chroí a chloisint thíos ag doras na scoile, ach ansan gan aon choinne stad an eagla agus, a Cháit, seo an mhíorúilt! Gaolainn mo theangasa ag an am ach, ar a shon san, léas an Béarla gan focal ar lár. B'in í míorúilt Sennacherib! An dtuigeann tú, a Cháit, ar chuma éigin is dóigh liom gur mise a cheap na focail sin fadó fadó cé ná rabhas ann. Conas san? Agus inniu, aon uair go mbíonn an saol ag gabháil lastuas díom, is nós liom dul amach ar thaobh an tslé' agus an dán úd a rá go híseal isteach i mbéal na gaoithe.

The Assyrian came down like the wolf on the fold,
And his cohorts were gleaming in purple and gold;
And the sheen of their spears was like stars on the sea,
When the blue wave rolls nightly on deep Galilee.

Agus láithreach bhraithfinn níb fhearr. *[Tost an-fhada].*

CÁIT: Bhí do shaol lán de náire go dtí seo. *[Géilleann a cheann].* Bhí sé deacair an scéal san a insint. *[Géilleann a cheann arís].* Ach scéal iontach atá agat i Lord Byron, *Sir*, scéal iontach.

MAIT: *[Tosnaíonn ag siúl timpeall arís].* Uaireanta, bím ag ceapadh gur mise Lord Byron.

CÁIT: *[Éiríonn is stadann in aice an dorais].* Chuir Dia *lord* chugat chun an chos a fhulaingt.

MAIT: Cad a chuir sé chugatsa?

CÁIT: Sin rún. Go fóill! Ar tháinig an cam reilige anuas trí do mhuintir chugat?

MAIT: Tá sé ionamsa is raghaidh sé ar aghaidh trí mo mhuintir.

CÁIT: An raghaidh? An raibh sé id' athair?

MAIT: Ní raibh.

CÁIT: Do sheanmhuintir?

MAIT: Ní raibh.

CÁIT: Ar éinne?

MAIT: Ní raibh.

CÁIT: Dá bhrí sin, is strainséir é. Ní bhuaileann an strainséir ach uair amháin – tusa; ní baol d'éinne eile.

MAIT: *[Éiríonn sé is siúlann suas chuici].* Ar mo leabhar breac, tá an ceart ar fad agat. Nach maith nár chuimhnigh mé féin air! Is tú an t-aon duine a labhair an fhírinne liom, a Cháit. Strainséir!

CÁIT: An é seo an rud a theastaigh uait a rá liom?

MAIT: 'Sé, agus thugais comhairle mhaith dom. Ach, chun an fhírinne a insint duit, theastaigh uaim thú a ... a ... a fheiscint, má tá cead agam a leithéid a rá. *[Féachann sí go míchéadfach air is siúlann anonn go dtí an doras, áit a stopann sí].* An bhfeicfimid a chéile arís?

CÁIT: *[Ag an doras].* Ní raibh aon chara scoile agam. Agus ní raibh agatsa ach chomh beag. Nach ait san? Caithfead imeacht anois. *[Exit; díomá ar Mhait, ach tagann sí ar ais is deireann go brónach:]. Sir,* do hata ... is ... maith liom é. *[Exit; fanann sé i mbéal an dorais ag féachaint ina diaidh ar feadh tamaill. Ansan baineann sé de go hanmhall ar fad an hata is féachann air amhail is nach bhfaca sé cheana é. Pógann sé é, ansan buaileann sé ar ais ar a cheann é agus feirc air, rud a bhronnann cruth na diabhlaíochta air].*

[Soilse anuas]

RADHARC 3

[Soilse aníos ar an déirí. Tá sé ina lá, agus gan éinne ar stáitse. Ansan go hobann, sánn Cáit a ceann isteach ar feadh soicind agus imíonn as radharc arís. Tagann sí ar ais le buicéid agus scuabanna. Seasann sí i lár stáitse chun deimhin a dhéanamh de go bhfuil sí ina haonar. Féachann sí timpeall an dara huair ach, an turas seo, lastar cóta mór Mhait le spotsolas an-éadrom. Feiceann sí an cóta ach ligeann sí uirthi nach bhfeiceann mar tosnaíonn sí ag glanadh, ach cúlaíonn sí ina threo diaidh ar ndiaidh. Seans go bhfuil an cúlú san an-ghreannmhar – nuair a chúlaíonn sí suas chomh fada leis, is amhlaidh a chúlaíonn sí isteach ann cúpla uair, agus ansan arís agus titeann sé uirthi. Féachann sí air amhail is nach bhfaca sí cheana é. Bogann sí anonn go mall agus ansan cúlaíonn uaidh arís. I lár an stáitse féachann sí ar ais air, deineann machnamh is siúlann suas chuige arís. Buaileann sí go héadrom é, ag baint dusta as, mar dhea. Ansan tugann sí cúpla slíocadh boise dó. Baineann sí lán na súl as, agus ansan imíonn as an seomra. Tar éis cúpla soicind tá sí ar ais agus í ina seasamh i lár an tseomra. Ansan buaileann smaoineamh í mar siúlann sí suas go dtí an cóta athuair. Fanann sí ansan ag féachaint air. Ansin síneann sí a lámh suas ach stopann sí leathshlí. Ritheann sí go dtí an fhuinneog is féachann amach, agus níl éinne ann. Seo léi ar ais agus tarraingíonn sí an cóta anuas. Tumann sí a haghaidh ann is líonann sí a scamhóga le boladh an chóta. Ansin buaileann smaoineamh eile í mar cuireann sí an cóta uirthi go han-tapaidh agus dúnann na cnaipí air. Tá sí an-tógtha leis mar seo léi suas síos an seomra ag máirseáil – mar dhea – agus gach buille coise aici ar an urlár mar dhea gur fear í. Tá sí an-sásta léi féin go dtí go siúlann Tess agus Dan isteach go lár an tseomra agus ionadh orthu.Léimeann is béiceann Cáit is titeann an cóta ar an urlár].

TESS: Heileo, a Cháit.

CÁIT: *[Tógann an cóta den urlár is crochann thar n-ais é].* Ní chreidfidh sibh cad a tharla – bhíos ag scuabadh liom agus nár thit an cóta san anuas orm, ar mo leabhar!

DAN: Oireann sé duit, a Cháit.

CÁIT: Ní hea, ní hea! Ní hé an rud a cheapann sibh in aon chor é, níl a fhios agam cé leis an cóta san.

DAN: Pé rud a deirir, a Cháit.

CÁIT: *[Bailíonn sí na giuirléidí].* 'Sea, beadsa ag imeacht, más ea. *[Exit].*

TESS: An bhfaca tú é sin?

DAN: Cad é?

TESS: Cáit. Tá rud éigin aisteach ag baint léi inniu. *[Caitheann Dan é féin ar na málaí].* A Dan, tá trí lá imithe

DAN: Cad é?

TESS: Trí lá ó bhuaileamar le chéile.

DAN: 'Bhfuil a fhios agat cad tá ag déanamh tinnis domsa?

TESS: Cad é?

DAN: Ní bheidh sé ar mo chumas an pianó a sheimint agus mo shúil gortaithe.

TESS: Cinnte, beidh. *[Cuireann sí a lámh ar lámh leis, ansan ar ghualainn leis, ansan tógann uaidh í].* Níl tú i do shláinte. *[Téann sí timpeall go dtí a thaobh eile is cuireann sí a lámh ar a leathghualainn arís].* Léigh me faoin *Count* Iodálach seo – bhí sé ar leathshúil de bharr cogaidh.

DAN: An raibh radharc aige?

TESS: Ní raibh rómhaith, ach chaith sé paiste dubh ar an tsúil. D'fhan sé ina chaisleán mar bhí náire air, ach oíche amháin chuaigh sé amach chuig damhsa mór.

DAN: Cad a tharla?

TESS: Ní fhéadfadh sé na mná a choimeád uaidh le bata, bhí siad chomh tógtha san le duine uasal a gortaíodh i gcath. *[Bogann sí uaidh agus a méara ar an mbrat brád nua atá á chaitheamh aici].* Dála an scéil, a Dan, táim beagáinín difriúil inniu – ar thugais fé ndeara?

DAN: *[Tá Dan ag éirí tuirseach di].* Ba bhreá liom cúpla eascaine a scaoileadh amach.

TESS: Tá san fireannach amach is amach.

DAN: Tá tarrac ar fhoclaibh agat.

TESS: 'Sea, táim foclach agus tá Katie béalach! Cé acu ab fhearr leat?

DAN: Táimse aineolach.

TESS: Ó, is breá liom fir atá aineolach. Bímis aineolach le chéile!

DAN: Fastaím! A Tess, an mbíonn tusa riamh id' thost?

TESS: Tost! Cailliúint mhór focal is ea tost.

DAN: 'Bhfuil a fhios agat, sibhse Ciarraígh, tánn sibh ait amach is amach – codlaíonn Cáit le buicéad, ceapann Mait gurb é Lord Byron é, ceapann Katie má bhíonn tú dathúil id' luí go mbeidh tú gránna id' sheasamh, agus Tess ullamh le himeacht le gaoth nóiméad ar bith. Tá an t-ádh dearg linn go bhfuil sibh go léir fé ghlas i gCiarraí!

TESS: Dan bocht, tá sé fós breoite. *[Leagann sí a lámh ar a leathghualainn].* An gcabhraíonn san leat? *[Tá sé míshásta agus ligeann sé cnead as].* Sin cnead bhreá. Is breá liom cnead fir. Lig cnead eile asat! *[Cneadann sé].* Bhí sé sin nótáilte ar fad. Daoine atá pósta, cneadann siad le chéile ach ní labhraíonn siad le chéile a thuilleadh. Hé, a Dan, 'bhfuil tú ag éisteacht? Táim chun cnead a ligean ... *[Cneadann sí].* Á, rónósúil.

DAN: Hé, a Tess, cuireann sé sin rud i gcuimhne dom – cad mar gheall ar an *experience* a bhí agat leis an gcineál eile?

TESS: Ó, an cineál eile! *[Bogann sí uaidh go dtí bun an tseomra].* Bhuel, a Dan, b'fhéidir am éigin eile.

DAN: Ach, a Tess, gheall tú!

TESS: *[Ag siúl arís].* 'Sea, a Dan, ach tá sé ró- ... ró-neamhghnách.

DAN: Nach cuma! Thugais t'fhocal. Agus, a Tess, na móranna is na beaganna go léir!

TESS: Ach tá eagla orm go ndéanfaidh tú gáire fúm.

DAN: Ní dhéanfaidh.

TESS: Bhuel, 'sea, b'fhéidir. Tá sé aisteach, an dtuigeann tú? *[Dan míshásta].* Tá go maith, más ea, seo chughat é gan cor a chur ann. Bhí mé lá ag tógaint an chóngair ón siopa trasna ghort Sheancháin nuair a bhraitheas go hobann an talamh laistiar díom ar crith. Níor fhéachas timpeall. Chrith an talamh a thuilleadh ach fós ní raibh eagla orm mar, ar chuma éigin, thuigeas nár bhaol dom. Uaireanta, a Dan, an dtuigeann tú, bíonn mar a bheadh fios agam – ní thuigim é. Agus ansan chuala an bhúireach dhomhain so a bhí ag teacht aníos as tóin an domhain, agus an glór a dhein sé mar a bheadh fir an domhain go léir laistiar díom ag cur dúil ionam. Ba é tarbh Sheancháin a bhí ann agus é chomh cóngarach *san* dom. *[Taispeánann sí dhá mhéar le chéile dó].* Ní raibh puinn eagla orm is leanas orm trasna an ghoirt agus a anáil the ag séideadh ar m'ioscaidí. Chuir sé na creatha orm. Shiúlaíos chomh fada leis an gclaí. Stadas ag an gclaí is chasas air is stánamar ar a chéile. Bhí an ghrian ag lasadh an fháinne sróine a bhí air. Shéid sé a anáil the isteach sna súile orm. Thaitin sé go mór liom. Ansan chuir sé a phus le talamh is lig búir as a tháinig aníos as bolg an domhain. Sheas mé ar an gclaí is d'fhéach mé síos air. D'fhéach sé suas orm. Bhí sé ag caint liom – 'canathaobh go bhfuil tú ag imeacht' a bhí á rá aige, ceapaim. 'Sea, bhí an dráma thart don mbeirt againn. A Dan, ní dhéanfad dearmad go deo ar a anáil ar m'ioscaidí. *[Stánann Dan uirthi, rud a thugann sí fé ndeara].* A Dan, ní maith leat é! Thuigeas, ó mo léir chráite, tá botún déanta agam, ná fuil, a Dan? *[Ní deireann Dan faic]*. Dan, Dan, níl sé fíor. Bréag ar fad é, cumadóireacht amach is amach, ar mo leabhar!

DAN: *[Éiríonn Dan as a shuíochán go mall is beireann ar lámh léi]*. A Dhia na bhfeart, Dillon, sin é an scéal is seicsí a chuala riamh ó bhean. Riamh, ar mo leabhar breac. *[Pógann sé í go han-tapaidh – ní raibh aon choinne aici leis agus is beag ná titeann sí as a seasamh]*. A leithéid de scéal, a leithéid de bhean!

TESS: Is maith leat é?

DAN: Siúrálta, cé a déarfadh é?

TESS: *[Beagnach ag rince]*. Ó, tugann sé sin misneach mór dom, a Dan! Póg arís mé ! *[Ní dheineann]*. Seicsí, a Dan, is dóigh liom gur focal salach é ach is breá liom é.

DAN: Níl, níl sé salach. Níl sé ach díreach tagtha ó Mheiriceá – tá sé fós te.

TESS: Cad is brí leis?

DAN: Brí? Sin é an focal a dheineann tarbh as fear.

TESS: Tarbh? Tarbh eile anuas ar mo scéal – an bhfuil ... *[Tagann Katie isteach agus bata aici – tá Tess ar buile]*. Ó, a Katie, tá rud an-tábhachtach ar siúl ag Dan is mé féin.

KATIE: A Dan, tá Mait thíos sa scioból ag feitheamh leat. *[Léimeann Dan]*. Tagadh an bheirt agaibh thar n-ais anso! *[Imíonn Dan amach]*. 'Sea, cad is brí le seicsí?

TESS: Bhís ag cúléisteacht! Ach is cuma. Má tá tú seicsí is maith leis na fir thú.

KATIE: Agus, ar ndóigh, tá tusa seicsí!

TESS: Sin a deir Dan, ach go háirithe.

KATIE: Is geall le focal é a bheadh agat chun turcaithe a thiomáint.

TESS: Dála an scéil, d'inis mé scéal an tairbh do Dan.

KATIE: *[Ciúnas domhain agus teannas]*. Scéal an t...! Fan, fan, cé acu ...

TESS: An tarbh a lean mé trasna ghort Sheancháin.

KATIE: *[Clúdaíonn Katie a haghaidh lena lámha].* An tarbh san! An bhfuil tú as do mheabhair ar fad ar fad? Ní ceart a leithéid a ligean amach thar an tigh seo go deo! Ceapfaidh siad go mbímid go léir ag léimt ar na caoirigh. Agus anois ag léimt ar na tairbh! Má chloistear mar gheall ar do tharbh beidh orainn an ceantar a fhágaint.

TESS: Bhain Dan an-adhmad as.

KATIE: An gcloiseann tú mé? Beidh orainn imeacht. Cheana féin thuas sa chistin, táid ag caint ar Mheiriceá, ach má chloistear faoi seo beimid imithe maidin amárach. Cuir do tharbh i bhfolach – seo chugainn na deirfiúracha Dillon!

TESS: *[Féachann amach an fhuinneog].* Seo chugainn Dan is Mait. Ó, rinne mé dearmad a rá leat – cé a déarfá a bhí ag mainicíneacht chóta Mhait nuair a thángamar isteach? Dúirt sí gur thit sé ar a gualainn!

KATIE: Cáit? 'Bhfuil a fhios agat cad air a bhfuil mé ag cuimhneamh ... cad é an focal úd a bhí ag Mait Daly i leith Cháit?

TESS: Sclábhánta?

KATIE: Sin é é, níl sí chomh sclábhánta is a bhíodh ... drochscéal dúinne é sin, déarfainn.

TESS: Ceapaim go bhfeiceann sí rud éigin i Mait.

KATIE: Ní fheiceann ná rud éigin! Tá an bheirt acu ró-sheanchaite dá chéile.

TESS: Gheibheann gach seanbhróg seanstoca.

KATIE: Canathaobh go bhfuil an gúna san á chaitheamh agat?

TESS: An gá cead a bheith agam uaitse?

KATIE: Bhuel, mar sin, caithfidh mise an ceardeagan gorm.

TESS: An ceardeagan gorm! Ní chaithfeadh Cáit an ceardeagan gorm.

KATIE: Is léir cad tá ar siúl agat – tánn tú ad' chaitheamh féin leis na fir. Ní maith leis na fir é sin.

TESS: Is breá leo é agus táim ag réiteach chuige.

KATIE: Ó, ag réiteach chuige, an bhfuil?

TESS: An bhfeiceann tú Dan nuair a fhéachann sé orm – d'fhéadfainn leabhar a scríobh air – ach níos tábhachtaí fós ná an tslí ná féachann sé orm! Deineann sé a shrón a thochas agus ligeann sé air go bhfuil sé ag féachaint ar an bhfalla ach bíonn sé ag faire orm.

KATIE: Is maith leis mise.

TESS: Cá bhfios duit?

KATIE: Bíonn sé i gcónaí ag féachaint ar mo chíocha.

TESS: Seans go bhfuil botún á dhéanamh agat.

KATIE: Tess, tánn tú dathúil, ach tánn tú ró-óg. An dtuigeann tú, caitheann na fir leath a saoil ag cuimhneamh ar chíocha.

TESS: Cíocha – bíonn siad i gcónaí sa tslí. Go mór mór má bhíonn tú ag imirt cártaí. Ar chuala tú riamh trácht ar áit darb ainm Ballyseedy?

KATIE: Ní chuala.

TESS: Tá sé in aice Thrá Lí. Bhí trioblóid uafásach ann aréir. Ceanglaíodh dháréag fear de na pléascáin is séideadh suas san aer iad.

KATIE: Marbh? Tá Trá Lí róghairid dúinn.

TESS: Tá an saol róghairid dúinn – TB, cogadh, fliú, pléascáin. Ach níor buaileadh fós sinn.

KATIE: Bí cúramach – tá Dia ag éisteacht. An bhfuil tú ag iarraidh air sinn a shéideadh san aer?

TESS: 'Sea, chuirfeadh sé ag smaoineamh thú. 'Bhfuil a fhios agat? Sara bhfaighidh mé bás, tá cúpla rud le déanamh agam ar dtús.

KATIE: Cad iad?

TESS: *Rouge!*

KATIE: *Rouge?*

TESS: 'Sea, *rouge*. Ba mhaith liom é a phlástráil ar m'aghaidh. Tá's agam gur ar *scarlet women* is mó a bhíonn sé ach ... ar feadh cúpla nóiméad, sin an méid.

KATIE: *Rouge,* táim leat, abair trí, ní hea, ceithre nóiméad, agus ansin t'aghaidh a ní go glan.

TESS: Ceithre nóiméad? Ok, ach muna bhfeiceann éinne é, abraimis ocht nóiméad.

KATIE: Tá go maith, ocht gcinn. Agus *eye-liner*.

TESS: *Eye-liner*? Cad é sin?

KATIE: A, mhuis, Tess bhocht, tá sé ródhéanach.

TESS: Tess bhocht mo thóin! Tá uaim dul isteach i bpub agus *gin* a ordú, ní hea, *pink gin* a ordú agus ansan feag a dheargadh agus deatach a shéideadh isteach i súilibh daoine. Fir!

KATIE: *Pink gin,* táim leat ar fad – deich nóiméad? Fiche?

TESS: Ar eagla go mbeadh sneachta ann, abraimis daichead. Ní hea, b'fhéidir go mbeadh stoirm ann – uair a' chloig.

KATIE: Táim leat, uair a' chloig. Agus cá bhfios – písín eile ina theannta. Agus cad a chaithfimid? *Camisoles* Nua Eabhrac?

TESS: Sciortaí. Sciortaí gearra.

KATIE: Sciortaí gearra, táim leat ar fad, ach cé chomh ... cé chomh ...

TESS: Cé chomh fada suas...?

KATIE: Na húsáid an focal san! Suas, drochfhocal é suas – dar le daoine áirithe. Tá síos OK. Sciortaí gearra, uair a' chloig.

TESS: Ach sciortaí an-ghearr – dhá uair a' chloig.

KATIE: An-phlean go deo – caithfear amach as an bparóiste sinn.

TESS: Ba bhreá liom san.

KATIE: Sciortaí gearra, *rouge, eye-liner, pink gin,* deatach i súilibh, an bhfuilimid ag dul thar ...

TESS: Agus eascainí!

KATIE: Eascainí! Trí nóiméad.

TESS: Agus droch-chaint!

KATIE: Droch-chaint. Dhá nóiméad.

TESS: Agus seile mhór shalach a chaitheamh ar dhuine éigin.

KATIE: Seile shalach – leathnóiméad. Ó, ó, seo chugainn an bheirt.

DAN: *[Isteach le Dan is Mait gan féachaint ar na mná].* A Mhait, gan aon dabht is álainn go deo an chairt í an *Rolls Royce Whippet* ach is gá *starting handle,* rud ná fuil againn.

MAIT: A Dan, a mhic, fág fúmsa é sin. Beidh sé againn ar maidin.

TESS/KATIE: Heileo, a Dan.

DAN: Dia dhaoibh, a chailíní.

MAIT: Níl aon seans go bhfuil duine darb ainm Mait ann?

TESS: *Rolls Royce,* muran miste, a Dan! 'Bhfuil tú chun *spin* a thabhairt dom?

DAN: Ba bhreá liom san, a Tess.

MAIT: Nílimse ann, a Dan! *Generation gap* a thugtar air.

KATIE: *[Go han-leamh].* Heileo, a Mhait.

MAIT: *[Tógann sé pacáistí as póca a chóta].* Fan socair ansan go fóill, a Dan, go bhfeicfead conas tá an tsúil. *[Deineann sé an tsúil a iniúchadh].* 'Sea, bainfidh mé an seanbhindealán díot. Ó, a dhiabhail, ach ta sé gránna amach is amach. Ó, a Dhia na bhfeart!

KATIE: Cad é, cad é? *[Ritheann na cailíní timpeall chun an tsúil d'fheiscint].*

TESS: Tá an dath athraithe.

DAN: Sin an deireadh!

MAIT: Ní hé! Tá sí fós gorm, cuid di, ach ... ach beidh gá leis an dochtúir go luath. Seo, tá an t-ungadh ceart agam dó. *[Cuireann sé lena shrón é].* Tá boladh uaidh a leagfadh francach. *[Deineann iarracht an comhrá a athrú].* An raibh tú leis an dream san a tháinig isteach i bhFianait, a Dan?

DAN: Ná hathraigh an comhrá, a Mhait! Tá an scéal go holc, ná fuil?

MAIT: 'Sea, tá caoi agus cúram uaidh, agus gheobhaidh sé iad go luath, tá mise á rá leat. Idir an dá linn, bain ceol as an áit seo, agus tá na cailíní go hiontach chun aire a thabhairt duit, ná fuil?

DAN: Táid go diail, nótáilte.

MAIT: Agus cuimhnigh go bhfuil gnó agus gá acu leat! Seans gur fadhb é sin.

DAN: Conas fadhb?

MAIT: Is maith leo thú – dá bhrí sin, ní scaoilfidh siad uathu go deo thú! Is príosúnach thú!

DAN: *[Baintear stangadh as].* 'Bhfuil sibh dáiríre gur príosúnach mé?

TESS: Tóg bog é, a Dan. Níl sé ach ag spochadh asat – greann Chiarraí.

MAIT: *[Ag gáire].* Chuala mé iad ag déanamh pleananna chun tú a shaoradh – má theipeann ormsa déanfaidh siadsan é!

DAN: Ar casadh Cáit ort?

MAIT: Casadh.

DAN: Ar inis tú do rún di?

MAIT: D'inis agus tá athrú mór inti dá bharr.

DAN: Cén saghas athraithe?

MAIT: Féachann mná an domhain níos fearr.

DAN: Canathaobh gur gráin léi fir?

MAIT: Is cuma liom faoi na fir eile – orm féin atáim ag cuimhneamh.

DAN: Mar sin féin, tá sé tábhachtach. Déarfainn gur mhaith léi labhairt leat mar gheall air.

MAIT: Níl a fhios agam cathain a fheicfidh mé arís í.

DAN: Caithfidh tú bualadh léi go luath. Abair léi go bhfuil rud éigin agat di.

MAIT: Cén rud?

DAN: *[Ag féachaint ina thimpeall].* Níl a fhios agam ... rud éigin, ach é a dhéanamh le stíl, a Mhait.

MAIT: Le stíl!

TESS: An bhfuil a fhios agat, a Mhait, ceapaim gur maith le Cáit thú tar éis an tsaoil.

DAN: Éist leis sin, a Mhait. 'Sea, seans amháin eile, ach é a dhéanamh i gceart. Labharfadsa léi.

TESS: Agus an féidir linne cabhrú le Dan?

MAIT: An-cheist. Tá plean maith agaibh dó, agus tá ceann eile agamsa a bhaineann le peitreal. Bí ullamh, a Dan. Ní sheasóidh an tsúil sin ach dhá lá eile ar a mhéad. Fág an dochtúir fúmsa. Anois, tá's agaibh gur fear mór déileála le gach saghas ábhair mise, agus tá sé phunt tae ag feitheamh linn go léir thuas sa chistin agus cáca cuiríní ó Thrá Lí. Seo libh! *[Imíonn gach éinne, Tess ag déanamh deimhin de ná fuil sí rófhada ó Dan].*

[Soilse anuas]

Radharc 4

[An déirí. Tá sé ina lá – Mait ina shuí ag léamh, é faiteach roimh chúrsaí. Isteach le Cáit].

MAIT: Tá áthas orm gur tháinig tú. *[Ní fhreagraíonn sí, agus níl a fhios aige cad ba cheart dó a rá].* ... Táim fós ag léamh an *penny dreadful* ós rud é go bhfuil sibh go léir sáite iontu.

CÁIT: *[Seasann sí os a chomhair amach ag féachaint ar an talamh].* Ní raibh mé chun teacht – ach an saighdiúir óg, *Sir,* is deacair diúltú dó, cé ná fuil aon spéis agam ionat.

MAIT: Níl spéis agat ionamsa ach beidh spéis agat sa rud seo – b'fhéidir. *[Tógann sé beart as sac is tugann di é].* Duitse é seo. *[Féachann sí air ar feadh tamaill fhada ach ní thógann é].*

CÁIT: *Sir,* ghlacamar leis nach maith linn a chéile. Agus níl aithne againn ar a chéile.

MAIT: Oscail é. *[Croitheann sí a ceann].* Ní íosfaidh sé thú.

CÁIT: *[Féachann sí air gan lámh a leagan air. Ansan go hanmhall tógann sí é. Baineann sí an páipéar de go mall is titeann sé ar an talamh. Agus ina lámh tá mála scoile breá nua agus an-chuid stiallacha leathair ar sileadh as. Stánann sí air tamall fada – sa deireadh deireann sí i gcogar].* Mála scoile!

MAIT: Dúirt tú go raibh ceann uait.

CÁIT: 'Sea, ach ... tar éis na mblianta fada ...

MAIT: Má thagann an saol déanach do chuid againnn nach cuma?

CÁIT: *Sir,* an bronntanas é seo?

MAIT: *[Ceapann sé go mbeadh an focal bronntanas róláidir di faoi láthair – seans nach bhfuair sí bronntanas riamh].* Ní bronntanas é seo. *[Tá an freagra sásúil, agus coinníonn sí ina gabháil é gan féachaint air].*

CÁIT: *[Athraíonn sí a haigne].* Seo, a dhuine, ní maith liom thú. *[Síneann sí chuige é ach croitheann sé a cheann. Téann an-chóngarach di is féachann isteach ina súile].* A Cháit, an cuimhin leat an rud a dúirt tú liom – nach raibh riamh aon chara scoile agat? *[Croitheann sí a ceann].* A Cháit, mise agus tusa ... *[Tost].* Bímis inár gcairde scoile le chéile!

CÁIT: *[Leathgháireann sí].* Inniu! Cairde scoile! Agus sinn inár dtríochaidí? Dá gcloisfí sinn bheimis millte.

MAIT: Millte! *[Tost].* A Cháit, mise agus tusa, táimid millte cheana féin. Bhíomar millte an chéad lá.

CÁIT: Millte! *[Leathgháire].*

MAIT: Ar dheinis gáire?

CÁIT: *[Tá sí trí chéile nuair a thuigeann sí gur thaispeáin sí mothúchán].* Ní raibh sé sin ina gháire, b'in ... á, á ... smulc.

MAIT: Tá go maith, is cairde scoile sinn – sin rún, agus coinneoimid rúin a chéile ina rúin.

CÁIT: Ach, *Sir*, níl aon rúin againn.

MAIT: *[I bponc].* Tá. Níl spéis againn ina chéile.

CÁIT: *[Moill bheag].* 'Sea, tá san fíor ... 'sea, sin rún gan amhras. *[Claonann sí ina leith].* Seans gurb é sin an fáth gur maith linn a chéile. *[Tar éis cúpla soicind ritheann sé léi cad dúirt sí, is tagann uafás uirthi. Cuireann sí a dhá lámh lena haghaidh].* Ó, *Sir*, ní dúirt mé é sin, ní tusa a bhí i gceist agam, ach ... ach ... mo mháthair, is dóigh liom. 'Séard a bhí i gceist agam ná mise agus tusa, nílimid ag troid – ach ní maith linn a chéile.

MAIT: 'Sea, go díreach, ní maith linn a chéile. Ach, a Cháit, tá rún eile agat.

CÁIT: An bhfuil?

MAIT: Tá. An cuimhin leat go ndúirt tú liom gur chuir Dia tiarna chugam, Lord Byron, chun cabhrú liom cur suas leis an gcam reilige? *[Síneann sé a mhéar i leith a leathchoise]*. Agus nuair a d'fhiafraigh mé díot cad a chuir Dia chugatsa chun cur suas le do shaol aisteach, dúirt tú gur rún a bhí ann.

CÁIT: Ó, 'sea, sin rún; ní féidir é sin a insint.

MAIT: Ach, a Cháit, *[i gcogar]*. Is cairde scoile sinn.

CÁIT: *[Beireann sí ar a srón nuair a bhíonn sí i bponc]*. Cairde scoile? Ag ligean do rúin, *Sir*, is mar sin a bheireann siad ort.

MAIT: *[Féachann ina thimpeall]*. Níl éinne anso ach an bheirt againn.

CÁIT: *[Féachann ina timpeall]*. Dhéanfá magadh fúm.

MAIT: B'fhéidir go ndéanfainn gáire ach ní dhéanfainn magadh.

CÁIT: Siúrálta?

MAIT: Siúrálta!

CÁIT: Buicéad!

MAIT: *[Moill]*. Buicéad?

CÁIT: Sheol Dia buicéad chugam. *[Éiríonn sí as an suíochán]*. Tánn tú chun magadh a dhéanamh.

MAIT: Ní hea in aon chor, sin gáire bog. *[Seasann sé]*. Tánn tú tar éis a rá liom gur chuir Dia buicéad chugat chun súgradh a dhéanamh leis.

CÁIT: Ní hea, ach chun mé a chosaint.

MAIT: Cosaint! Ní thuigim ar fad.

CÁIT: Thuigfeá, dá mbeifeá ocht mbliana d'aois agus tar éis dhá bhliain a thabhairt ag gol le teann cumha do d'athar, do do mháthair, do do theaghlach, agus tú de ló is d'oíche fé bhois ag beirt seanbhan gránna ad' ordú timpeall. Agus an bheirt acu an-ghearánach ar an saol agus ag síorargóint eatarthu féin. Agus nuair a chífidís mise screadfaidís orm, 'Nigh na gréithre,' 'Glan an t-urlár,' 'Tabhair bia dos na madraí,' de ló is d'oíche is gan éinne agam chun súgradh léi ná leis. Lá amháin dhein mé gearán le Dia nach bhféadfainn dul ar aghaidh a thuilleadh gan chabhair. '*So*,' ar seisean liom, 'Séard atá uait, a Cháit, ná buicéad. Tá ceann breá sa lochta os cionn na mbó.' Agus bhí, agus thugas anuas é. Aon uair a chífeadh duine den mbeirt mise agus an buicéad agam cheapfadh sí go rabhas ar ghnó don duine eile. Rud a chuir deireadh le horduithe agus le géarleanúint. *So*, aon uair go mbeinn uaigneach, ní raibh le déanamh agam ach breith ar an mbuicéad agus dul síos chun caint a dhéanamh leis na comharsana. An dtuigeann tú, as san amach aon uair go mbeinn i dtrioblóid bhraithfinn an-sábháilte dá mbeadh an buicéad agam. Uair amháin, bhraith mé go bhféadfadh an bheirt againn an domhan go léir a smachtú. Tuigeann tú anois gur cara é – an t-aon chara atá agam. Táim ag imeacht anois, *Sir*.

MAIT: Caitheann tú bia a thabhairt dos na mucaibh?

CÁIT: Ag dul siar ar m'óige ... cuireann sé uaigneas orm. Tá riail agam, agus inseoidh mé duit í. Nuair a bhí mé dhá bhliain d'aois bhí me fós ag gol i ndiaidh mo mháthar gach oíche. Maidin amháin nuair a dhúisigh mé, gheall mé dom féin nach ligfinn d'aon rud mé a mhilleadh ach uair amháin.

MAIT: Uair amháin? Tá an t-ádh leat. Milltear mise gach aon mhaidin. 'Bhfuil tú uaigneach?

CÁIT: Tá.

MAIT: Tá go maith, sin deireadh le cuimhní cinn.

CÁIT: Ní bheimid ag teacht le chéile arís.

MAIT: Tá go maith! Cúpla lá ó shin d'inis mé duit canathaobh nár thaitin na mná liom. Inis dom canathaobh nach maith leatsa na fir.

CÁIT: Ó, *Sir*, ní inseod é sin duit go deo. *[Deineann sí iarracht éalú as an áit ach tá Mait sa tslí]*.

MAIT: Tuigim. Cuireann sé brón ort.

CÁIT: Tá sé níos measa. Tugann sé stuif aníos nach féidir a chur thar n-ais. Anois, tá's agam go ndúirt mé cúpla nóiméad ó shin gur thaitin an bheirt againn le chéile, ach níl ann ach giota beag. Is maith linn a chéile ... giota ... beag, sin an méid – ach ná tagadh aon *notion* ort.

MAIT: *Notion!* Ní aithneoinn *notion* dá mbuailfeadh sé sa phus mé.

CÁIT: Go maith, mar sin. Ní féidir liom an rud san a insint duit!

MAIT: A Cháit, is cairde scoile sinn, ná déan dearmad – ní choimeádaimid rúin óna chéile.

CÁIT: *[Éiríonn sí an-suaite inti féin].* Fiú amháin cairde scoile ... *[Tá Mait sa tslí agus ní féidir léi éalú; tosnaíonn sí ag gol agus deineann sí iarracht ar na deora a thriomú lena haprún].* Tá rudaí áirithe nach féidir a dhéanamh, *Sir*.

MAIT: *[Teastaíonn uaidh a lámha a chur timpeall uirthi, ach téann de].* Ní raibh an ceart agam é a iarraidh ort, a Cháit – dein dearmad air, gabhaim pardún agat.

CÁIT: Bhí fir ann. Fadó. D'éirigh siad dofheicthe. Bhí mise ann fadó. D'éirigh mé dofheicthe.

MAIT: *[Tost fada. Braitheann Mait gur chuaigh sé rófhada. Labhraíonn sé i gcogar].* An bhfaca tú na plúiríní sneachta?

CÁIT: Chonac trí cinn.

MAIT: Fuair mé a thuilleadh.

CÁIT: Gheobhaidh mé iad.

MAIT: Ach ní haon mhaith iad agus tú id' aonar.

CÁIT: Ní haon ... caithfidh mé bia a thabhairt-

MAIT/CÁIT: Dos na mucaibh.

MAIT: Lig dom a thaispeáint duit cá bhfuil siad.

CÁIT: Cuimhnigh, ní spéis linn a chéile.

MAIT: 'Sea, ach is spéis linn málaí scoile is plúiríní sneachta.

CÁIT: Tuigim.

MAIT: Más ea, tabhair dom do lámh.

CÁIT: Ní fhéadfainn é sin a dhéanamh.

MAIT: Tá go maith, coinnigh do lámh. An bhfuil a fhios agat, siúlóidh an bheirt againn síos le chéile is thar n-ais.

CÁIT: Agus cad déarfaidh na daoine?

MAIT: Tá smaoineamh agam – raghaidh mise síos ar dtús ach ní raghad i m'aonar.

CÁIT: Cé a bheidh leat?

MAIT: Beidh cuideachta mhaith agam – buicéad. Agus nóiméad i mo dhiaidh, leanfaidh tusa led' bhuicéadsa.

CÁIT: Cad a tharlóidh nuair a bhainfimid na bláthanna amach?

MAIT: Ní tharlóidh aon rud ach go mbeimid inár seasamh ag féachaint ar na bláthanna.

CÁIT: Mise le buicéad agus tusa le buicéad ag féachaint ar bhláthanna? Ní fhéachfaidh sé rómhaith.

MAIT: Ach beimid ag caint le chéile. *[Níl sí sásta, dar leis]*. Ach ní dhéanfaimid caint ar aon rud ach bláthanna. *[Tost fada; féachann siad ar a chéile]*. N'fheadar conas a d'fhéachfainn le buicéad?

CÁIT: Seo dhuit. *[Tugann sí buicéad dó agus deineann sé taispeántas suas is anuas leis]*. Oireann buicéad duit, a Mhait.

MAIT: *[Tugann sé an buicéad thar n-ais]*. Cáit Murphy, an ndúirt tú 'Mait'?

CÁIT: *[Tógann sé tamall uirthi sara ritheann sé léi cad dúirt sí, agus léimeann sí le teann náire]*. Ó, b'in botún, táim ... ní hea, Mait eile ab ea é sin.

MAIT: Tá an áit lán de Mhaiteanna – b'in Mait eile.

CÁIT: 'Sea, 'sea, sin é é, duine díobh san. Fadó a bhí sé ... cad a chuir im' cheann é?

MAIT: Ba mhaith liom labhairt leis an 'Mait fadó' seo.

CÁIT: Tá sé i Meiriceá.

MAIT: Á, i Meiriceá. Tuigim. A Cháit, dá dtiocfadh an Mait seo atá i Meiriceá go dtí an doras anois, conas a déarfá a ainm?

CÁIT: A ainm, ach ... ach, tá sé i Meiriceá.

MAIT: 'Sea, ach dá mbeadh sé ag an doras anois?

CÁIT: *[Féachann sí timpeall cúpla uair agus labhraíonn go han-íseal]*. Mait. *[Beirthe ar a srón aici]*.

MAIT: Bhí sé sin go maith. Anois, a Cháit, uair amháin eile arís.

CÁIT: *[Moill fhada; féachann siad ar a chéile]*. Mait.

MAIT: *[É an-sásta ar fad. Tógann an buicéad arís]*. A phlúiríní sneachta, seo chugaibh mé. *[Exit]*

[Fanann sí i mbéal an dorais ag feitheamh chun go mbeadh an nóiméad istigh; tógann amach an mála scoile is osclaíonn é, agus iniúchann a bhfuil istigh ann. Tógann sí amach le cúram mór peann – seancheann déanta as adhmad agus gob miotail amuigh ar a bharr, cóipleabhar, leabhar beag nótaí, leabhar líníochta, buidéilín dúigh Quink, agus rialóir. Cuireann sí an rialóir le rudaí amhail is go bhfuil sí á dtomhas. Tá sí an-sásta léi féin. Tógann sí an buidéilín Quink arís, is casann is baineann an claibín. Cuireann sí lena srón é is líonann a scamhóga leis an mboladh. Ar deireadh, tógann sí amach úll – ceann buí agus stríoca dearga air. Féachann air is cuireann lena srón é, ansan cuireann lena leathcheann é, ansan lena haghaidh. Ansan tosnaíonn sí ag bog-ghol. Réitíonn sí í féin do Mhait agus, le féachaint mallroisc amháin ar a cuid éadaigh, fágann sí an áit].

[Soilse anuas]

RADHARC 5

[Soilse aníos ar an déirí. An cúigear i láthair, suite thall is abhus – Cáit ag fuáil sa chúinne, na cailíní in aice le Dan, Mait ina aonar].

MAIT: *[An-mhaíteach].* Dúirt mé leat go bhfaighinn peitreal duit, ceithre ghalún. Tá sé ar a bhealach aneas ón Snaidhm.

DAN: Ceithre ghalún! Tá sé sin ar fheabhas. Ní stopfaidh an sneachta iad?

MAIT: Ní stopfadh an riach féin na leaids seo, gan trácht ar an sneachta.

TESS: Sneachta ar fud na hÉireann! Tá sé sin rómánsúil. Téann scéalta le sneachta. An bhfuil scéalaí againn in éinne agaibh? An Bleá Cliathach, nó an Ciarraíoch?

MAIT: *[A lámha leata leis an sorn bolgach].* Táimse rófhuar. Bead ag cuimhneamh ar cheann fad is a bhíonn Dan ag eachtraí.

DAN: Níl ceann agam, ar mo leabhar.

TESS: Scéal fén gcogadh! Ní foláir nó tá rud éigin spéisiúil feicthe ag duine agaibh!

MAIT: Tá mo chosa préachta ach chuala rud ... scéal le déanaí, scéal atá sa mhullach ar m'aigne de ló is d'oíche.

DAN: Scaoil amach é.

MAIT: Bhuel, a leithéid seo de dhuine, aithne mhaith agam le fada air, ba é an t-aon mharcach teachtaireachtaí a bhí fágtha ag na *Irregulars*. Fuair sé ordú ón gceanncheathrú bosca mór groí teachtaireachtaí a thabhairt suas go Tubaist, áit atá chomh hiargúlta san nach bhfuil a fhios acu fós go bhfuil cogadh ar siúl. An t-ordú a fuair sé ná bheith i dTubaist roimh Mháirt na hInide, agus go raibh an cogadh i gCiarraí ar fad ag brath air. D'fhág san nach raibh ach trí lá aige chun gabháil trí ghleannta is sléibhte sneachta, cnoic is coillte, casáin is conairí agus bóithríní slogtha as radharc, mar bhíothas ag feitheamh leis i gceárta an ghabha ag crosaire Thubaist. Shroich sé an áit an tráthnóna roimh an Inid. Bhí mná an ghleanna ag feitheamh leis agus isteach leo sa cheárta. Bhris an gabha an bosca agus chuaigh an marcach ar buile, é ag bagairt go raibh sé chun gunna a tharrac orthu. Ach níor éist éinne leis mar cad a tógadh amach as an mbosca ach gúna pósta mór groí agus é chomh bán le titim sneachta agus níl aon seó ach an liú áthais a tháinig ón slua nuair a chonaic siad é. Lean péire bróg agus stocaí é, agus bhí gach aon Ú! agus gach Á! as an slua. Agus ansan le fuirseadh mór – císte pósta! Gháir siad go léir. Agus, ar deireadh, cad a tógadh amach ach litir agus nóta deich ndollar ceangailte di le biorán dúnta. Tháinig an bhean so suas go dtí an marcach. 'Go raibh maith agat, a Jimín,' ar sise, agus láithreach thuig sé canathaobh an deabhadh mar bhí sí chomh tórmach le tórmach, an gúna ina baclainn aici agus í ag gol go buíoch. Agus leis an lámh eile rug sí ar lámh an ghabha. Agus seo isteach an sagart. Phós sé an bheirt ag an inneoin. Dúirt gach éinne go raibh an t-ádh leo mar nach raibh ach cúpla uair a' chloig fágtha roimh an Inid agus ní raibh aon seans go deo go seasódh an bhean seo go dtí an Cháisc. Agus an sagart ag dul amach chas sé ar Jimín is dúirt, 'Tubaist! Ní cathair mar a tuairisc í!' Bhí áthas ar Jimín go raibh baint aige le rud éigin deas seachas le rudaí gránna an chogaidh.

KATIE: Is breá liom an scéal san, a Mhait, agus gan aon chogadh ann.

TESS: Tubaist abú! Ar saolaíodh an leanbh, a Mhait?

MAIT: Siúrálta, saolaíodh.

CÁIT: An raibh lámhainní sa bhosca teachtaireachtaí? *[Féachann gach éinne uirthi is í ag imeacht – ní hí an ghnáth-Cháit atá ann].*

MAIT: Bhí lámhainní sa bhosca, a Cháit, cinn bhána agus iad clúdaithe i sról.

CÁIT: Clúdaithe i sról! Agus bán! Ta áthas orm. Bhí siad tuillte ag an gcailín bocht. *[Siúlann go dtí an doras le buicéad].*

DAN: *[Glaonn sé ina diaidh].* Aon seans go mbeadh scéal agatsa, a Cháit?

KATIE: *[Leanann Cáit ar aghaidh go dtí an doras].* Ó, ní bheadh scéal ag Cáit. *[Stadann Cáit agus a méar ar an laiste nuair a chloiseann sí Katie].*

DAN: Cad deirir, a Cháit? *[Fanann a méar ar an laiste is deineann sí machnamh ar an rud a dúirt Katie. Casann sí is tagann thar n-ais].*

CÁIT: Tá an ceart ag Katie – ní bhím ag insint scéalta ... ach ... tharlódh go mbeadh ceann amháin agam.

TESS: *[Deineann sí comhartha le Katie].* Agus déarfainn gur ceann maith é – scaoil amach é, a Cháit.

CÁIT: Ní scéalaí maith mé. Ach ... bhuel, is mar gheall ar chath é ach cath sa chistin, ní ar fud na tíre. Pianó, is scéal mar gheall ar phianó é.

KATIE: Pianó! *[Agus ionadh uirthi].*

CÁIT: 'Sea, pianó. Bhí an cailín seo Hannah ann agus bhí sí an-mhaith chun an pianó a sheimint. Ocht mbliana déag d'aois a bhí sí ach bhí fadhb ann – ní raibh pianó acu. Bhí a hathair is a máthair marbh agus í ina cónaí lena seanathair. Bhí seisean an-tugtha don gceol agus 'séard a dhein sé ná a chuid airgid a chur le chéile agus fios a chur go Corcaigh ar phianó. Tháinig an pianó, ceann maith *Steinway,* agus bhailigh na comharsana go léir isteach. Sheinn Hannah an t-amhrán ab fhearr leis an seanathair, *The Last Rose of Summer,* le Tom Moore. Agus ansin thosnaigh an chóisir.

TESS: An raibh sí dathúil, an Hannah seo?

CÁIT: Bhí, bhí sí an-neamhghnách, mheas gach éinne. Gach Satharn thagadh slua chun éisteacht léi agus tugadh fé ndeara go mbíodh poitigéir ón mBán Ard ag teacht go rialta. Ansan tráthnóna amháin, chonacthas an bheirt ag siúl amach le chéile agus go minic ina dhiaidh san, agus thosnaigh daoine ag rá go raibh siad chun pósadh. Bhí Hannah an-sásta leis an saol agus thug daoine fé ndeara go raibh gearradh nua ins an *Last Rose.* Go dtí gur stop an poitigéir de bheith ag teacht. Ní raibh a fhios ag éinne cén fáth, Hannah san áireamh. Théadh sí suas go dtí an geata ag feitheamh leis, ach ní fhaca éinne tásc air. Bhí curtha as go mór di. Stop an pianó. Stop *The Last Rose.* Stop na comharsana de bheith ag teacht. D'fhanadh sí ina seomra ina haonar agus d'fhan an scéal mar sin go ceann míosa nuair a d'éirigh leis an seanathair í a mhealladh chun an phianó. Gan aon rómhoill bhí sí ag seimint mar ba ghnách ach dúirt daoine áirithe nach raibh. Sé mhí nó mar sin ina dhiaidh san thosnaigh múinteoir ó Chill Easa ag teacht go rialta. Go dtí an lá nuair a chonacthas an bheirt acu ag siúl amach le chéile agus níorbh fhada go raibh an pobal go léir ag caint ar phósadh. Go dtí gur stop sé de bheith ag teacht. Bhí Hannah ar buile ar fad agus í náirithe an dara huair. An turas seo chuaigh sí ar muin capaill trasna an pharóiste go tigh an mhúinteora. Ach ní thiocfadh sé go dtí an doras cé gur bhéic sí amach a ainm. B'éigean di casadh timpeall agus dul abhaile go tnáite náirithe. Ina dhiaidh sin, dhiúltaigh sí a seomra a fhágaint ach mí iomlán a chaitheamh ann ag gol. Fén am so bhí daoine ag caint: ní foláir nó bhí rud éigin mícheart á dhéanamh aici, dar leo. An turas so, thóg sé sé mhí ar an seanathair í a mhealladh thar n-ais go dtí an pianó. Tháinig an lá nuair a dúirt na daoine go raibh *The Last Rose* fé réim arís. Ach nuair a thosnaigh feirmeoir ag teacht go rialta ní fhéachfadh sí air an dara huair. D'imir sé gach seift sa leabhar ach fós ní fhéachfadh sí air, mar bhí sí siúrálta nach dtarlódh sé arís. Ach labhair daoine léi agus dúirt go mbeadh an t-ádh léi an tríú huair. Ghéill sí. Thosnaigh siad ag siúl amach. Bhí an bheirt acu an-oiriúnach dá chéile, dar le gach éinne – an turas seo bheadh gach rud i gceart. Ach tharla sé arís. D'imigh an feirmeoir gan tásc gan tuairisc. B'éigean di dul go dtí an dochtúir an turas seo. Thug sé piollaí di, ach dhein siad breoite ar fad í. Bhí sí tamall gan aithne gan urlabhra agus, nuair a tháinig sí chuici féin arís, ba é an port a bhí aici ná go raibh mallacht ar an bpianó. Dúirt daoine go raibh sí ag dul as a meabhair. Oíche amháin d'éirigh Hannah is chuaigh sí síos go dtí an scioból, áit ina raibh leaba Nell Gallivan, an cailín aimsire a bhí acu. Shuigh sí taobh léi is bhris a gol uirthi agus ní fhéadfadh sí stopadh. D'fhiafraigh sí de Nell an dtabharfadh sí di aon phíosa eolais a bheadh aici i dtaobh imeacht na bhfear. Bhí an-leisce ar Nell aon rud a rá ar dtús ach, diaidh ar ndiaidh, lig sí an scéal amach. Scéal uafáis a bhí ann. Eagla a bhí ar an seanathair go gcaillfeadh sé a phianadóir mar ná raibh aige sa tsaol ach an ceol. Dá bhrí sin nuair a chífeadh sé i ngrá le fear í, sheolfadh sé litir – gan a bheith sínithe – go dtí an duine sin á rá leis go raibh an eitinn ar Hannah agus go raibh sí gan leigheas. Bhí a fhios ag Nell mar ba é an gnó a bhí ag Nell ná na litreacha a sheachadadh. Agus, ar ndóigh, bhí sé de nádúr inti iad a léamh ar dtús. Thit Hannah i bhfanntais, rud a chuir sceon ar Nell. Nuair a tháinig sí chuici féin arís bhí sí ar buile ar fad. Fuair sí casúr is strac sí amach as bolg an phianó an corda a bhí riachtanach chun *The Last Rose of Summer* a sheimint. Ansan chuir sí an corda is a giuirléidí go léir isteach i mála, bhuail iallait ar an láir is ghlan léi isteach san oíche sna cosa in airde. Is go dtí an lá inniu n'fheadar éinne cár ghabh sí. Sin é mo scéalsa. *[Bhí tost an-fhada sa déirí. Ba é Dan an chéad duine a labhair].*

DAN: A Cháit, gan aon bhréag sin é an scéal is fearr a chuala riamh. *[Gach éinne ag aontú leis].* Agus ná bí ag féachaint orm mar sin, a Katie – níl aon scéal agam féin fós.

KATIE: Seo, téimis go léir suas chun na cistineach – tá an dinnéar réidh.

DAN: Tá go maith ach tá cúpla focal uaim le Mait ar dtús. *[Imíonn na mná].* A Mhait, tar anso go fóill. Chuala tú an scéal a d'inis Cáit – bhí a lán rudaí laistiar de.

MAIT: 'Sea, bhí teachtaireacht éigin ann.

DAN: Sin é an drochúsáid a thugadar di, ráflaí faoi TB agus gach sórt oilc. Níl aon seans agat in aghaidh na ráflaí! Sin é an fáth gur fuath léi na fir.

MAIT: Níl aon dabht air ach go bhfuilim an-mhall.

DAN: Chomh mall leis an samhradh. Tá eagla fós uirthi roimh na ráflaí.

MAIT: A Dan, an teachtaireacht sin, cé dó é?

DAN: Duitse, Daly, gan aon amhras. D'inis sí an scéal san duitse amháin, má tá tú sách cliste chun é a thuiscint.

MAIT: 'Sea, táim ar aon fhocal leat, ach cad a dhéanfaidh mé?

DAN: Fútsa atá sé. Anois, seo chugainn í. *[Tagann Cáit isteach le buicéad].* An-scéal, a Cháit! *[Exit]*

MAIT: A Cháit, an bhean so, Hannah, an raibh sí ... *[Tost agus teannas ann – tá sí ag féachaint ar an urlár].* Tá súil againn go léir go bhfuil a thuilleadh scéalta mar sin agat. *[Tost is teannas].* Tá ceist le cur agam ort, a Cháit.

CÁIT: 'Sea, cad é?

MAIT: Cad é an rud is mó a bhraitheann tú uait?

CÁIT: Rud ná fuil agam? Rud amháin? Aon rud amháin? Tá míle rud uaim, míle! *[Tagann athrú uirthi is siúlann sí go bun a' tí]*. Ach an rud is túisce a ritheann liom ná ... deirfiúr.

MAIT: Deartháir?

CÁIT: *[Beagnach ag screadach]*. Deirfiúr! *[Moill an-teann]*. Deirfiúr a labhródh leat agus a thuigfeadh duit. *[Ag siúl agus ag labhairt leis na fallaí]*.

MAIT: Tuigim!

CÁIT: Ní thuigeann tú! Thógfadh sé na blianta fada uaignis ort chun é a thuiscint. *[Tost]*. Deirfiúr a sheasódh ansan romham lá amháin dem' shaol. Agus thuigfeadh sí mé. *[Tost fada]*. Tá súile glasa aici. Caitheann sí gúna dearg. Níor throid mé riamh léi.

MAIT: Gúna ... ach, a Cháit ... *[Fanann Cáit ina staic ag stánadh ar an bhfalla]*. Níl deirfiúr agat.

CÁIT: Tá ... ach ní thuigeann tú. *[Siúlann sí go dtí an doras agus stopann. Iompaíonn sí air]*. Cad é an rud is mó a bhraitheann tusa uait ?

MAIT: *[Baineann so tamall as]*. Cosúil leat féin – míle rud. Ach ... *[Tost]*. B'fhéidir go mbraithim do dheirfiúr uaim? Na súile glasa – is maith liom iad.

CÁIT: Tánn tú aisteach!

MAIT: Cáit Murphy, tá an bheirt againn aisteach.

CÁIT: An comhartha é sin?

MAIT: Is comhartha é go bhfuil an bheirt againn fé dheireadh thiar thall le chéile i rud amháin – aisteacht.

CÁIT: Aisteacht, cé a déarfadh é?

MAIT: *[Druideann sé anonn chuici]*. A Cháit, tá rud éigin difriúil ... tá tú difriúil inniu ... rud éigin mar gheall ort?

CÁIT: *[Ní maith léi é seo]*. Mise?

MAIT: *[Bolaíonn sé an t-aer]*. 'Sea, rud ... 'sea, an boladh san, an bhfaigheann tú é?

CÁIT: Boladh! *[Féachann sí síos ar a cuid éadaigh agus cuma bhuartha uirthi].*

MAIT: *[Bolaíonn sé an t-aer in aice léi – agus tagann eagla uirthi].* Cumhrán! Sin é é, cumhrán! Tá sé an-deas.

CÁIT: Ó, an boladh san! Timpiste ab ea é sin. Bhí seomra Julianne á ghlanadh agam nuair a thit sé orm, buidéilín den stuif, agus aisteach go leor dhoirt sé ar mo riostaí agus, níos aistí fós, ar mo mhuineál. Ná habair le Julianne é. *[Beireann ar an mbuicéad chun rith amach].* Caithfead bia a thabhairt dos na mucaibh.

MAIT: *[Ach tá Mait roimpi ag an doras chun í a stopadh].* Tá ite ag na muca. Ceist agam ort, a Cháit?

CÁIT: 'Sea.

MAIT: Bíodh ná rabhais riamh ar scoil nach maith go bhfuil léamh agat?

CÁIT: Ó, 'sea, tá's agat an triúr seanbhan go raibh mé ag obair dóibh tráth dá raibh ... bhuel, tharla go raibh léamh ag duine amháin díobh, ach chaill sí na spéaclaí. Dúirt mé léi dá múinfeadh sí an léamh dom go ndéanfainn an páipéar a léamh di. Gan aon mhoill bhí léamh agam.

MAIT: Agus an bhfuarthas na spéaclaí ansan?

CÁIT: *[Tost fada].* Fuarthas.

MAIT: *[I gcogar].* Agus cé a fuair iad?

[Tagann aoibh gháire ar Cháit mar fhreagra. Cuireann san Mait ag gáire agus siúlann sé an-ghar di]. A Cháit, na cloigíní sneachta!

CÁIT: Bhí siad go deas.

MAIT: Bhí siad go hálainn. *[Tá Cáit i mbéal an dorais agus í ag feitheamh le focal ó Mhait ach tá Mait mall. Tá móimint bhaolach ann nuair nach labhraíonn sé. Casann sí chun imeacht].* Raghaimid chucu arís?

CÁIT: *[Itheann sí a liobar íochtair].* Arís? Bhuel ... maith go leor. Cathain?

MAIT: *[Cuireann sé a bhéal an-ghar dá cluas].* Anois! *[Greim docht aici ar an mbuicéad].* Anois táimid ag dul go dtí na cloigíní sneachta. Abair é os ard – cabhróidh sé.

CÁIT: *[Le fuaimint].* Táimid ag dul go dtí na cloigíní sneachta.

MAIT: Agus níl aon eagla orm.

CÁIT: Agus níl aon eagla orm – *[Pléascann an doras isteach agus seo isteach Katie ar ghnó éigin. Léimeann Cáit siar ó Mhait].*

KATIE: 'Bhfuil tú i gceart, a Cháit? *[Stánann Cáit uirthi mar fhreagra. Exit Katie le scuab].*

MAIT: Táimid ag dul go dtí na cloigíní sneachta.

CÁIT: Ó, níl! *[Cúlaíonn sí uaidh].*

MAIT: *[Leanann sé í].* Táimid ag dul go dtí na cloigíní sneachta – abair é.

CÁIT: *[Ar éigean atá sí in ann – slogann sí].* Táimid ag dul go dtí na cloigíní sneachta.

MAIT: Agus táimid chun spórt a bheith againn.

CÁIT: An bhfuil? Agus táimid chun spórt a bheith againn.

MAIT: Tá eagla ormsa go rithfidh tú ...

CÁIT: Cá bhfios ná go rithfead!

MAIT: Ní dhéanfair mar beidh greim ort. Tabhair dom do lámh.

CÁIT: Ach ní spéis linn a chéile!

MAIT: Ní spéis linn a chéile ach níl lámha i gceist sa mhargadh san.

CÁIT: Tuigim. Lámha – maith go leor. *[Cuireann sé a lámh amach chun breith uirthi. Féachann sí ina timpeall go faiteach].* Ná dein! Chífidh siad ... cad déarfaidh siad?

MAIT: *[Go húdarásach].* Tabhair dom do lámh! *[Go mall tugann sí dó í amhail is ná feicfeadh sí go deo arís í. Tógann sé uaithí í agus titeann sáimhe aisteach láithreach uirthi. Athraíonn an solas – ar Mhait agus ar an stáitse – agus lastar an áit de bheagán. Stopann sí de bheith ag creimeadh a liobair – agus tuigeann gach éinne go bhfuil claochlú tar éis titim amach].* Tá do lámh an-deas.

CÁIT: An bhfuil?

MAIT: An mbraitheann tú mo lámhsa?

CÁIT: Braithim.

MAIT: An bhfuil sí ceart go leor?

CÁIT: Tá. Agus tá na méara go léir fós agat!

MAIT: Seo chugainn spórt.

CÁIT: Seo chugainn spórt.

MAIT: Ach níl aon deabhadh ann.

CÁIT: Níl aon deabhadh ann.

MAIT: Ní gá duit gach a ndeirim a rá arís.

CÁIT: Ní gá duit ... tá go maith. *[Téann siad go dtí an doras].*

MAIT: Seo linn!

CÁIT: Tá eagla orm.

MAIT: Ná bí eaglach.

CÁIT: Ní hea, eagla orm go rithfidh mé.

MAIT: Conas a stopfainn thú?

CÁIT: Cuimhnigh ar sheift go tapaidh.

MAIT: Greim níos laidre ar do lámh?

CÁIT: Nó rud éigin níos láidre ná san!

MAIT: Ní ritheann aon rud liom ach mo dhá lámh a chur timpeall ort.

CÁIT: Ní bheadh sé sin ceart ná cóir. Cad déarfadh na daoine? Ach b'fhéidir go n-oibreodh sé.

MAIT: Seo an margadh, más ea – má ritheann tú béarfar ort.

CÁIT: Tá sé sin go huafásach. Tógfaidh sé scannal. Ach caithfidh mé cur suas leis, is dócha.

MAIT: Seo linn más ea. Ó, féach, tá an ghrian ag taitneamh. Tá súil agam go leanfaidh sí uirthi.

CÁIT: Leanfaidh.

MAIT: Cá bhfios duit?

CÁIT: Mar aréir is mé ag féachaint an fhuinneog amach ar na réaltaí, bhí na coinnle reo ag leá, deoir ar dheoir, agus gach deoir acu ag breith réalta léi.

MAIT: An domhan ag leá réalta ar réalta. Hula hula! *[Exeunt]*.

[Soilse anuas]

Gníomh 3

Radharc 1

[Tá Cáit ina seomra féin ina suí ar an leaba agus í ag féachaint ar na fallaí. Bíogann sí as an bhfantaisíocht seo go hobann agus tógann sí mála as an gcófra agus tógann scáthán láimhe leathbhriste as. Féachann sí air agus caitheann láithreach ar an leaba é. Clúdaíonn sí a haghaidh lena lámha agus í ag féachaint ar an scáthán. Baineann triail eile as ach bíonn an toradh céanna ar an iarracht agus caitheann an scáthán ar an leaba arís. Beireann sí an tríú huair ar an scáthán ach, in ionad féachaint air, coinníonn sí crochta san aer é go dtí go dtiteann sé síos arís. Siúlann sí suas síos cúpla uair chun dearmad a dhéanamh ar a haghaidh. Stopann sí agus scrúdaíonn a cuid éadaigh ag dul ó phreabán go preabán, agus tá alltacht uirthi. Tá na héadaí do-chreidte preabánach ar fad.

Thar n-ais léi go dtí an cófra agus an uair seo tógann amach an mála scoile. Féachann sí air ar feadh tamaill fhada á mhuirniú agus, sa deireadh, cuireann sí uirthi é agus deineann pramsach leis siar is aniar agus gliondar uirthi. Beannaíonn sí – mar dhea – dos na páistí scoile a bhuaileann léi agus gach aon gháire aisti go dtí go dtéann an gliondar i ndísc, agus ansan cuireann sí thar n-ais sa chófra an mála.

Seasann cois na leapa arís. Suíonn sí agus deineann a machnamh. Ansan, gan choinne, léimeann sí aníos ón leaba agus sall léi go dtí na fuinneoga go stracann sí anuas na cuirtíní móra troma ina gceann is ina gceann des na fuinneoga. Líonann an áit le smúit is deannach ach seo isteach freisin solas a lasann an seomra is a thaispeáneann cé chomh gránna is atá sé, agus chímid den gcéad uair cé chomh gránna is atá éadaí Cháit. Siúlann sí timpeall is iniúchann an áit amhail den gcéad uair riamh. Stracann sí anuas dá ceann an caifirín uafásach agus seo anuas ar a guaillí mothall breá dúrua agus loinnir ann. Dhein duine eile di. Faigheann sí an scáthán briste is féachann air. Gan aon dabht, is breá léi an toradh mar leanann sí uirthi ag féachaint air. Cuireann sí an lámh eile ag slíocadh na gruaige a éiríonn níos beoga snasta. Tá sí an-sásta lena híomhá nua. Ceapaimid go bhfuil sí tar éis a cuid gruaige a fheiscint den gcéad uair. Ansan siúlann sí go dtí na fuinneoga is féachann amach ar dhomhan nua].

[Soilse anuas]

RADHARC 2

[Dan is Mait sa déirí suite chun boird. Tá seanchanna stáin de chuid Rolls Royce ina sheasamh ar an mbord taobh leo. Cuireann Mait a shrón leis].

MAIT: Na diabhail! Conas a bheadh a fhios agamsa? Bhaineadar dhá ghalún peitril as an gcanna is chuireadar uisce ina ionad. Ná bac, a Dan, a mhic, beidh sé thar n-ais agam amárach – tá's agam cá bhfuil a thuilleadh le fáil.

DAN: Tá eagla orm, a Mhait, roimh *gangrene*. Agus roimh an sneachta seo.

MAIT: Maidin amárach, fág fúmsa é, a Dan. Féach, déarfadh éinne a bhfuil aithne aige orm an rud céanna, fiú amháin na capaill atá agam – 'fág fé Mhait é', a déarfadh siad go léir.

DAN: Ach, a Mhait, ní capall mé! An bhfaigheann capaill *gangrene*?

MAIT: Bíonn capaill dall ar dhathanna! Beidh tú i gceart, a Dan, agus tabharfaidh na cailíní aire mhaith duit. Caithfead féin dul suas go dtí mo ghleann féin anocht.

DAN: Cén saghas áite do ghleannsa?

MAIT: Splinc? Tá sé fliuch fliuch fliuch, chomh fliuch san go gcaitheann solas na gealaí na héadaí a thriomú. *[Cuireann sé an canna thar n-ais].* Agus an ceo! Líonann an áit le ceo oíche Shamhna agus fanann sé ann go nglaonn an chuach san Earrach.

DAN: Iad go léir ag feitheamh leis an gcuach! Cén saghas daoine iad?

MAIT: Tá siad sórt neamhurchóideach. Mise an chéad duine a thug scéala Éirí Amach 1916 agus an *GPO* dóibh. 'Séard dúirt siad go léir ná cén fáth an *GPO*, cén fáth nár ghabh siad óstán agus súp breá deas a bheith acu.

DAN: Neamhurchóideach! *[Gáireann sé].*

MAIT: Ach bhí tallann ann. An raibh a fhios agat go raibh an tríú fidléir ab fhearr san Eoraip againn sa ghleann so, Splinc? 'Sea, Micí Thaidhg. Eisean a choinnigh anam sna daoine i rith an Ghorta lena chuid ceoil, ach nuair a tháinig an lá deireanach den nGorta ní raibh ach dhá shreang fágtha ar an veidhlín aige, agus gan oiread is pingin ag éinne. Ní raibh ach dhá nóta aige, mar sin, cad a dhein an diabhal ach chuir sé an veidhlín ag seimint MÍ–ABHA chomh maith le haon chat. 'Sea, MÍ-ABHA! 'Sea bhí cáil air, is ní fhéadfadh aon chat sa pharóiste aghaidh a thabhairt air.

DAN: Daoine bochta boga, gan dabht.

MAIT: 'Sea, ach iad go léir ag dul in aois. Níl cos ann a scaipfeadh an drúcht ar maidin sa ghleann ar fad.

DAN: An gciallaíonn sé sin nach bhfuil aon leanbh ann? An saghas cainte a bhíonn agaibhse – bhó, bhó, leanbh! Dúisigh, a Mhait – tá sé in am agatsa is Cáit Murphy an rud ceart a dhéanamh.

MAIT: D'anam don diabhal, níor chuimhníos uair amháin air.

DAN: Tá an t-am istigh, Daly. Múscail, a mhic, cá bhfios ná fuil fear eile aici?

MAIT: Ó, níl in aon chor. Níl sí mar sin. *[Tost, agus Mait ag athchuimhneamh ar an scéal].* Go bhfóire Dia orainn ... fear aici ... Ní bheadh, an mbeadh ... Cad a dhéanfad in aon chor ... bead imithe trí lá ar fad.

DAN: Trí lá! A Dhia na bhfeart, ní éalóidh mé go deo as an áit seo. Ar inis tú di go raibh tú i ngrá léi?

MAIT: Fuil is gráin ar an scéal! Bhíos chun é a rá léi ach bhí mé rómhall. Agus ní taise di féin é.

DAN: Fágann san beirt mall. A Chríost, beidh mé anso go deo. Dein deabhadh, a Mhait.

MAIT: Fág fúmsa é.

[Isteach leis an mbeirt bhan]

KATIE: 'Bhfuil cead againn teacht isteach? *[Suíonn siad ar na saic].*

DAN: Fáilte mhór!

TESS: Bhuel, a Dan, aon scéal agat fós?

DAN: Bhuel, 'bhfuil a fhios agaibh, ó d'inis Cáit an scéal iontach úd faoin bpianó, rith scéal liom agus, iontas na n-iontas, is scéal faoi phianó é chomh maith. Ach tá sé greannmhar.

TESS: An bhfaca éinne agaibh Cáit?

MAIT: Ní fhaca.

KATIE: 'Bhfuil sí ina seomra ag déanamh díoltais?

[Díreach ansan buailtear cnag ar an doras, osclaíonn sé le díoscán agus seo Cáit isteach ach ní go faiteach. Stadann sí ar an tairseach – a cuid gruaige ar an rud is glé sa seomra].

KATIE: *[Éiríonn sí].* A Cháit! Do chuid gruaige, tá sí go hálainn ar fad!

TESS: A Cháit, thar a bhfaca riamh, ar mo leabhar, féachann sí go hiontach ort!

DAN: *[Téann sé chuici].* A Cháit, tá sí chomh hiontach san ort go ndeirim liom féin cad a dheinis le Cáit Murphy? *[Leathann an t-aoibhneas trasna a haghaidhe agus, ar feadh tamaill bhig, chítear Cáit nua].*

MAIT: *[Siúlann sé chuici go mall].* A Cháit, tá an ghruaig ar fheabhas, ach cá bhfuil an caifirín deas san a bhíonn de ghnáth ort? *[Tá Dan míshásta leis seo, agus an bheirt bhan freisin].*

KATIE: Náire chugat, a Mhait! Agus gruaig mar seo ort, a Cháit, níl aon ghá agat le caifirín.

CÁIT: *[Tosnaíonn sí ag gáire].* Cé atá chun scéal pianó a insint?

DAN: Ceann eile, a Cháit, ach tá sé greannmhar.

MAIT: *[Buaileann sé an t-urlár lena chosa].* Tá mo chosa préachta. Abair leat, a Dan.

DAN: 'Sea, seo chugaibh i measc na gcos é, más ea. Tháinig na Státairí isteach i gCiarraí, agus is i bhFianait a tháinig an long isteach, í lán de shaighdiúirí, agus mise im' amadán ina measc. Ba mise an duine deiridh amach as an long. An bhfuil scéal ansan? Bhuel, pé scéal é, bhaineamar Trá Lí amach agus bhí piléir ag léimt ar fud na háite. Ach níor tugadh aon ghunna domsa mar bhíodar tar éis a rá liom gur cheoltóir pianó mé agus gan piléar a stopadh. Níor chuir mé ina gcoinnibh mar bhíos tar éis cúpla duine marbh a fheiscint i Sráid Pembroke.

TESS: Conas a d'fhéachadar?

DAN: D'fhéachadar an-réalaíoch.

TESS: Ó, ar chuala sibh é sin? Is dúnmharfóir é Dan! Níl éinne sábháilte in aice Dan – mo ghrá thú, a Dan!

DAN: Bhuel, níl aon ghunna agam agus, a Tess, táim im' bheatha, mura miste leat, agus ba mhaith liom fanúint mar sin. Bhuel, pé scéal é, bhaineamar Rock Street amach, áit ina raibh muintir Thrá Lí ag creachadh na siopaí. Mharaíomar créatúr a bhí ag imeacht le dosaen *pisspots* as siopa darbh ainm Mikey Jurr's. A leithéid de bhás! Agus ansan an Grand Hotel.

TESS: Ceol!

DAN: 'Sea, go díreach. Bhí na hoifigigh tar éis Óstán Benner a scrúdú ach níor thaitin an pianó leo; dá bhrí sin, roghnaíodar an Grand, áit a raibh ceann Steinway. An bhfuair mé seans tiúineáil a dhéanamh ar an bpianó? Ní bhfuair, mhuis, ach díreach isteach i *I'm gonna Charleston back to Charleston* agus *The Bunny Hug*.

Ach bhí fadhb againn. Cheapamar go raibh an baile ar fad gafa againn – ach ní mar a shíltear a bítear. Mar bhí scata *Irregulars* ag suansiúl síos Sráid Denny, na dailtíní! Ní raibh a fhios acu go raibh Trá Lí gafa againne. Agus seo isteach sa Grand iad chun deoch a ól – mar gabhann tart mór leis na cogaí sibhialta seo. Ochtar acu is fo-mheaisínghunna an duine acu. Bhíomar sa bheár nuair a shiúil siad isteach orainn. Ba bheag nár thiteas i bhfanntais nuair a chonac iad. Stadadar agus iontas orthu freisin nuair a chonaic siad cá raibh siad. Ba é an ceannaire a bhí orthu a dhein sinn go léir a shábháil. Scairt sé amach, 'Gach duine, fan socair, ná scaoil gunna mar táimid laistigh d'fhallaí. Má scaoileann éinne gunna beidh an áit seo ina mheaisín fuála – ní thiocfaidh fiú amháin na buidéil slán.' D'fhéach gach éinne ar na buidéil, mar dhea, den uair dheireanach. Bhí an áit chomh ciúin sin go bhféadfá an *shshshs* ón gcúr ar na pint a chloisint. Anois, bhí gach éinne ag féachaint ar a chéile. Cén fhaid a leanfadh san? Ach bhí rud éigin am' phriocadh, b'fhéidir m'aingeal coimhdeachta. Mar thóg mé an mhéar eolais suas san aer – mar seo – agus gach éinne ag féachaint uirthi. Ansan lig mé di titim, titim an-mhall ar C meánach, ansan C meánach arís, bong, bong.

KATIE: C meánach! An raibh sé sin go maith?

DAN: Go maith ar fad, a Katie, an dá nóta tosaigh de *The Rose of Tralee,* bong, bong, bong, bong, bong, bong. Sheinn mé ar an bpianó go deas bog ar dtús é agus dhein duine nó beirt crónán leis an tiúin ach, de réir mar a neartaigh an t-amhrán, tháinig an dá shlua i bpáirt leis an tiúin. Bhí sé seo aisteach ar fad mar tá cogadh ar siúl inniu ar fud Chiarraí ach síochán ab ea é seo. 'Bhfuil a fhios agaibh, ar feadh soicind amháin mheas mé go raibh an cine daonna ar fad liom agus in áit éigin san óstán san bhí Dia – ar mo leabhar. Cloisim fós im' aigne an t-amhrán san agus an crónán cosúil le bualadh na farraige ar thrá i gcéin. *[Dúnann Dan na súile agus lena mhéara, mar dhea, seinneann sé an t-amhrán agus cloiseann an lucht éisteachta idir amhrán is chrónán ag teacht chucu mar a bheadh i mbrionglóid].* Nuair a seinneadh nóta deiridh an phianó lean an crónán ar feadh tamaill mar bhí eagla orthu go léir roimh an gciúnas. Ach ceannaire na *Irregulars*, chroith sé a cheann orm go grástúil, ansan chúlaigh sé lena chomplacht síos an halla agus síos Sráid Denny. Chualamar a leoraí ag casachtach cúpla uair sarar ghlan sé leis as an áit. Thóg gach duine san óstán anáil an-bhuíoch agus ansan phléasc an comhrá amach sa bheár. Seo isteach chugamsa úinéir na háite. Chuir sé na lámha timpeall orm agus dúirt 'bhí an t-ádh dearg linn gurb é an *Rose* a sheinn tú mar dá mba é *Molly Malone* a sheinn tú dhófaí an áit orainn.

TESS: *[Sall léi go Dan is pógann é].* A leithéid de scéal, a Dan. Táim bródúil asat.

KATIE: *[Ar buile gur bhain Tess an tosach di].* An-scéal, a Dan! *[Le Tess].* Ag dul thar fóir arís!

MAIT: A Dan, sin é an fáth go raibh tú ar an duine deireanach ag imeacht as an long. Ní fhéadfaí tú a mharú agus scéal mar sin agat. Beidh an scéal san ag muintir Chiarraí ar fad ag deireadh na míosa. Agus, a Katie, tá duine de na Joe Jimmy Joes ag feitheamh leat lasmuigh.

KATIE: In ainm Dé, cé a thógfaidh an Joe Jimmy Joe so uaim?

TESS: *[Áthas uirthi go bhfuil Katie ag imeacht].* Cá bhfios ná gurb é seo é, a Katie, hula hula! Ar deireadh thiar, Joe Jimmy Joe. *[Exit Katie].* A Dan, 'bhfuil cead agam rud pearsanta a rá leat? *[Cuireann sé seo isteach ar Dan].* Ar bharr do shróine tá goirín dubh agus bíonn sé ag cur isteach orm aon uair a fhéachaim ort. 'Bhfuil cead agam é a fháisceadh díot?

DAN: Bí ag fáisceadh leat.

TESS: *[Deineann sí go tapaidh é. Tá Dan bréan di ach tá sé ag iarraidh é a cheilt].* A Dan, más caidreamh é seo idir mise is tusa tá sé go hiontach ar fad.

DAN: A Tess, nuair a raghaidh mé abhaile braithfidh mé uaim thú go mór, sibh go léir. Níor casadh éinne orm riamh cosúil leat féin, Mait agus Katie. Agus tá Cáit craiceáilte amach is amach. *[Téann sé go dtí an doras is tagann ar ais].* Is breá liom sibh go léir ach uaireanta dúisím istoíche agus mé beagáinín eaglach roimh an saol.

TESS: *[Siúlann sí isteach an-ghar dó].* Eaglach! Tusa! N'fheadar? Mar sin féin, nár bhreá an rud é dá mbeadh duine ann in éineacht leat, duine a mbeadh scairf ghorm shíoda *[Cuimlíonn sí an scairf ar a scornach]* uirthi, duine a dhéanfadh tú a chosaint ar chora crua an tsaoil?

DAN: Bheadh san go diail, a Tess, ach nílim eaglach fé láthair.

TESS: Ó, ba bheag nár dheineas dearmad air – seo, dheineas é seo duit. *[Tugann sí dó é – paiste dubh don tsúil].* An cuimhin leat an *count* Iodálach a gortaíodh sa tsúil? Bhuel, seo an rud a bhí á chaitheamh aige.

DAN: Go raibh maith agat, a Tess, caithfead i gcónaí é. *[Cuireann sé air é].*

TESS: Oireann sé duit. *[Níl sí róshásta].* A Dan, an imreofá cluiche liom?

DAN: Cluiche?

TESS: 'Sea, cluiche 'ligimis orainn'.

DAN: Lig ...

TESS: 'Sea, ligimis orainn go bhfuil tú i ngrá liom.

DAN: A Tess, táim i ngrá libh go léir.

TESS: Is maith leat mé ach ...

DAN: Cad é an mhaith dúinn an cluiche seo?

TESS: Mar sin é an saghas saoil ina mairim – ligim gach rud orm.

DAN: Cad a bheadh le déanamh agam?

TESS: Abair liom go bhfuil tú i ngrá liom.

[Siúlann Dan go dtí an doras is ar ais].

DAN: Déarfaidh mise go bhfuilim i ngrá leatsa má deir tusa gur gráin leat mise.

TESS: Tá go maith, is gráin liom amach is amach thú, Dan Donnelly.

DAN: Hé! A Tess!

TESS: Níl ann ach cluiche. Is fuath liom thú, a rógaire an éithigh!

DAN: Táim i ngrá leat, a Tess.

TESS: *[Ag éirí craiceáilte].* I ngrá liom! Ó, cé chomh mór?

DAN: Tánn tú ag baint chodladh na hoíche díom.

TESS: *[Beireann sí air i mbarróg].* Ó, a Dan, bhí a fhios agam i gcónaí.

DAN: *[Á shaoradh féin uaithi].* Níl an rud seo ag oibriú, a Tess.

TESS: *[Díomách].* Canathaobh go mbíonn an saol so i gcónaí ag iompó orm de ló is d'oíche? Mheas mé suas go dtí an pointe seo go mba dhuine breá mé ... *[Briseann a gol uirthi, is screadann sí].* Is fuath fuath fuath liom an saol seo, agus gach ... gach duine ann.

DAN: *[Siúlann Dan go dtí an doras amhail is go bhfuil sé chun teitheadh, ach filleann is cuireann sé na lámha timpeall uirthi].* Seafóid! Is duine breá thú, gan dabht ar bith, agus is bean álainn thú, ar mo leabhar breac. Agus nílim ag ligean faic orm.

TESS: *[Pógann sé ar a leathcheann í, rud a chiúnaíonn í].* B'fhéidir tar éis an tsaoil go bhfuilim normálta.

DAN: Agus, pé áit ina mbead, caithfidh mé an paiste seo, agus bead ag cuimhneamh ar Spéirbhean Tess Dillon.

TESS: *[Siúlann sí go dtí an doras agus stopann, í idir dhá chomhairle].* Go raibh maith agat, a Dan. *[Imíonn sí ach tar éis soicind filleann is séideann sí póg le Dan, is imíonn arís. Stánann Dan ar an doras, ansan baineann sé de an paiste is caitheann ar an mbord é].*

[Soilse anuas]

RADHARC 3

[Soilse aníos ar Mhait atá ag léamh, é suite ar mhála sa déirí. An mhaidin atá ann is solas ag briseadh i ngach áit. Seo isteach Cáit – an tsean-Cháit leis an mbuicéad cé go bhfuil athruithe beaga le sonrú, mar ruidín gorm timpeall a muiníl agus mothall breá gruaige rua a athraíonn a haghaidh is a pearsa ar fad; ach ní fheiceann Mait iad].

MAIT: *[Ag féachaint ar an mbuicéad].* Greim fós agat ar an mbuicéad! Beidh sé seo deacair. *[Tugann sé coiscéim siar].*

CÁIT: *[A liopa íochtair fén bhfiacail aici].* Caithfeadsa na pióga a dhéanamh.

MAIT: Pióga! Is cad a tharla dos na mucaibh? Ná bac na pióga!

CÁIT: Ach Julianne, bean a' tí, cad ...

MAIT: Abair le Julianne dul sa diabhal, abair dom anois é, abair 'tig le Julianne dul sa diabhal'.

CÁIT: *[Í trína chéile].* Julianne? Is maith liom í – bhí sí i gcónaí deas féaráilte liom.

MAIT: Tá go maith, abair 'bíodh an diabhal ag na pióga'!

CÁIT: *[Tost fada].* Bíodh an diabhal ag na ... *[Croitheann sí a ceann].*

MAIT: Tá go maith, abair 'déanfad na pióga ar ball'.

CÁIT: *[I gcogar].* Déanfad ar ball iad.

MAIT: 'Tig leis na cailíní iad a dhéanamh,' abair é sin.

CÁIT: Na cailíní! Ó, ní bheidh siad róshásta ...

MAIT: *[Go garbh agus le húdarás].* 'Deineadh na cailíní iad!'

CÁIT: *[Baintear geit aisti].* Deineadh na cailíní iad.

MAIT: 'Tá sos uaim, nílim ag obair an mhaidin seo.' Led' thoil, abair é sin.

CÁIT: Ach ...

MAIT: Ná bac na hachanna!

CÁIT: Tá sos uaim. *[Go faiteach].* Táim ag dul ...

MAIT: Ag dul ag siúl.

CÁIT: Táim ag dul ag siúl le Mathew James Patrick Daly.

MAIT: Thar barr! Táimid beagnach ann!

CÁIT: A Mhait! Níor labhair mé riamh mar seo.

MAIT: Cáit Murphy, seo é do sheans – an buicéad sin, caith uait é.

CÁIT: *[Athraíonn sí ar fad].* Ó, ní fhéadfainn ... *[Beagnach ag gol].* An buicéad, ní ... ní ...

MAIT: Ní?

CÁIT: Ní ...

MAIT: 'Sea, tuigim. *[Tógann sé an buicéad uaithi agus cuireann ar an urlár é].* An bhfuil a fhios agat cad tá uainn anso – fothram! Buail cic air!

CÁIT: Cic ar mo bhuicéad? Ní fhéadfainn.

MAIT: Bhuel, dein é a chleatráil ar dtús – seo leat, cleatráil bheag. *[Cromann sí síos agus baineann cleatráil lag as].* Tá go breá; anois buail cic air. *[Deineann sí iarracht ach teipeann uirthi].* Cad dúirt Dia leat mar gheall ar an mbuicéad?

CÁIT: Thug Dia an buicéad dom mar chuideachta, ach dúirt go dtógfadh sé thar n-ais uaim é nuair a bheadh an t-am ceart. Agus dúirt mé le Dia go scarfainn leis an mbuicéad dá bhfaighinn rud éigin deas.

MAIT: Conas rud deas?

CÁIT: Ceapaim go bhfuil a fhios agam.

MAIT: 'Bhfuil tú cinnte gur le Dia a bhí tú ag caint?

CÁIT: 'Bhuel, murarbh é Dia é, duine éigin an-chosúil leis a bhí ann.

MAIT: Seo é do sheans ... buail cic air. *[Deineann sí iarracht ach téann di].*

CÁIT: Ní féidir liom ... buicéad deas é, bhí sé i gcónaí deas liom.

MAIT: *[Leis sin buaileann sé cic ar an mbuicéad a bhaineann macalla as is a chuireann síos go bun an déirí é; léimeann Cáit. Ansan tugann sé thar n-ais go Cáit é is leagann in aice léi é; tá laige uirthi]*. A Cháit, ó bhí tú sé bliana d'aois bhí basanna ort, mná is fir, iad an-chrua ort. Agus an rud seo, an buicéad, bas eile ab ea é! Buail cic air. *[Féachann sí síos air tamall fada, ansan ar Mhait, ansan ar an mbuicéad arís. Go hobann ritheann sí chuige is buaileann go lag é agus titeann sé. Beireann Mait ar lámh léi is pógann í]*. Thar barr, a Cháit, anois arís! *[Féachann sí tamall fada ar a lámh agus iontas uirthi, ansan ar Mhait, agus ar an lámh arís. Tá misneach anois aici. Cuireann sí an buicéad ina sheasamh arís is ritheann chuige is buaileann é níos láidre ná cheana. Leagann sí é is rollálann sé beagán. Díreach ag an bpointe sin osclaíonn an doras le díoscán toll scanrúil. Tosnaíonn Cáit ar bheith ag titim i bhfanntais ach beireann Mait uirthi in am]*. Níl ann ach an ghaoth, a Cháit, an ghaoth! *[Tá sí anois sínte ina ghabháil gan urlabhra. Dúnann sé an doras lena chos]*. Tá sí i bhfanntais! 'Bhfuil tú i gceart, a Cháit? *[Gan fhreagra]*. Isteach im' ghabháil a thit sí. Nach raibh an t-ádh liom go raibh mé in am! A Cháit? *[Siúlann sé timpeall léi]*. Níl aon suíochán ann le tú a chur i do shuí, a Cháit. Caithfidh mé tú a choimeád im' ghabháil, nach é an donas é?

CÁIT: *[Go han-lag]*. Caithfidh tú mé a choimeád mar seo.

MAIT: Is baolach go bhfuil an ceart agat. Níl aon bhord ná rud mar sin ann. Coinneod mar seo thú, is dócha. *[Ag siúl leis]*. An bhfuil tú chun titim i laige arís?

CÁIT: B'fhéidir.

MAIT: B'fhéidir go gcuirfead thú ar na málaí?

CÁIT: Ná dein, ná dein. Táim an-lag.

MAIT: Bhuel, níl aon áit fágtha ach an t-urlár. An gcuirfidh mé thú ar an ... A Cháit? Tá sí imithe arís. Bhuel, níl neart air ach mar seo. Hé, a Cháit? Is breá an rud ...

CÁIT: Cad tá breá, a Mhait?

MAIT: Bhuel, tá's agat, a Cháit, is breá ...

CÁIT: 'Sea, ach cad tá breá?

MAIT: Tá sé deacair é a rá ach ...

CÁIT: Ach, ach, ach?

MAIT: Ach ...

CÁIT: A Mhait, ciceáil an buicéad go tapaidh!

MAIT: Is breá an rud é go bhfuil tú anso im' lámhaibh, go deas socair.

CÁIT: *[Agus gach aon osna aoibhnis aisti].* Ó, 'sea, 'sea, a Mhait. *[Tar éis tamaill díríonn sí in airde].* B'fhéidir go dtig liom seasamh anois ach coinnigh greim orm, táim fós chomh lag san. Nach raibh an t-ádh dearg liom go raibh tusa im' aice?

MAIT: Ádh Dé.

CÁIT: Tánn tú lán de ghalántacht! *[An bheirt acu i lár stáitse agus lámha Mhait fós timpeall uirthi. Ansan labhraíonn sí go codlatach].* Braithim aisteach, ait. Tharla rud éigin dom agus mé i laige. Níl aon dabht air, braithim difriúil ar fad. *[Baineann sí di a cairdeagan donn uafásach is caitheann ar an talamh é. Agus nochtann blús breá ina áit a chuireann a cuid gruaige ag spréacharnach].*

MAIT: Agus féachann tú difriúil.

CÁIT: Tá's agam cad é, níl puinn eagla orm a thuilleadh.

MAIT: Chiceáil tú an buicéad!

CÁIT: Braithim saor. *[Siúlann sí thart].* Tá's agam ... tá's agam, nílim chun bia a thabhairt dos na mucaibh. *[Buaileann sí cic beag ar an mbuicéad].* Tig le Julianne é a dhéanamh. Níor labhair mé mar seo riamh cheana. Braithim go bhfuilim olc, 'sea, olc, amach is amach.

MAIT: *[Beireann sé barróg uirthi, is sciobann sé póigín dá grua – gan aon chur ina choinne].* Chun bheith siúrálta ná titfidh tú. A Cháit, suigh ansan taobh liom. Ní fhéadfá bheith olc fiú dá bhfaighfeá airgead air.

CÁIT: Ó, braithim an-sábháilte ... 'sea, cad a dhéanfaimid?

MAIT: D'fhéadfá titim i laige arís!

CÁIT: *[Féachann sí air go comhcheilgiúil].* Titfidh mé i laige amárach!

MAIT: 'Sea, ná dearmad é, anois. Agus, a Cháit ...

CÁIT: 'Sea, a Mhait?

MAIT: Bíodh timpiste eile agat. *[Ní thuigeann sí. Buaileann sé a mhéar ar a riosta agus ar a muineál agus tosnaíonn sé ag bolú an aeir].*

CÁIT: Á, seomra Julianne! Amárach! An bhfuil a fhios agat, a Mhait, bhí a fhios agam i gcónaí go dtarlódh rud mar seo. Ba é mo chinniúint é.

MAIT: Cinniúint! Níor thuig mé riamh di. Cad í féin?

CÁIT: Tarlaíonn rudaí mar caitheann siad tarlúint mar tá gach duine againn i scéal.

MAIT: Agus cé atá ag insint an scéil?

CÁIT: An chinniúint! Tarlaíonn gach rud go tráthúil, ina am ceart.

MAIT: Ní féidir léimt ar aghaidh?

CÁIT: Ní féidir.

MAIT: Dá bhrí sin, pé rud é caithfimid fanacht leis. Sin feitheamh eile, táim bréan den bhfeitheamh.

CÁIT: Ná bac an feitheamh. Bain taitneamh as an rud atá agat inniu.

MAIT: Cár fhoghlaim tú é sin?

CÁIT: Bím ag faire ar rudaí.

MAIT: Cá háit?

CÁIT: Ins an iothlainn.

MAIT: Cad tá le foghlaim ins an iothlainn?

CÁIT: Bím ag féachaint ar na fáinleoga; filleann siad i gcónaí. Cinniúint is ea na fáinleoga.

MAIT: Na fáinleoga – cinniúint.

CÁIT: Is mar a chéile dos na hioraí rua.

MAIT: Is mar a chéile dos na hioraí rua.

CÁIT: Agus solas na gealaí ar uisce ón tobar.

MAIT: Agus solas na gealaí ar uisce ón tobar.

CÁIT: Ní gá duit gach a ndeirim a rá im' dhiaidh.

MAIT: Ní gá duit gach ... *[Féachann sé uirthi ar feadh tamaill. Ansan gan aon rómhoill pógann siad i gceart den gcéad uair].*

[Soilse anuas]

RADHARC 4

[Soilse aníos sa déirí. An oíche atá ann, agus coinnle agus lampaí beag dearga an Chroí Ró-Naofa ar lasadh thall is abhus. An bheirt chailíní ann, agus Dan atá ina luí].

DAN: An bhfuil sé sin go dona?

KATIE: *[An-dáiríre].* Muna n-éiríonn leat bheith san ospidéal laistigh de dhá uair a' chloig déag is duitse is measa.

TESS: Tá an t-am istigh, a Dan. Ba bhreá linn tú a choinneáil anso go deo ach ...

DAN: Táimse ullamh.

KATIE: Seo é an plean. Tá an láir, Mollaí Bhán, sa stábla agus í fé iallait cheana féin agus í réidh chun bóthair. 'Bhfuil tú réidh?

DAN: Is marcach maith mé.

KATIE: Thaispeáin mé an bóthar cheana féin duit. Tá an ghealach ina suí anocht. Coinnigh na sléibhte ar dheis i gconaí is tabharfaidh sin go Cill Airne thú.

DAN: Cad mar gheall ar an gcapall?

KATIE: Cuir focal go dtí siopa Landers.

DAN: Ach do dhaid, ceapfaidh sé gur ghoid mé an capall?

TESS: Fág é sin fúinne.

DAN: Beidh sé ar buile. Beidh sibh i gcruachás.

TESS: Beidh beagán, ach is fiú é.

DAN: *[Agus é ag éirí].* Tá caitheamh ina dhiaidh orm.

KATIE: Bíodh caitheamh ina dhiaidh ort agus tú sábháilte san ospidéal. Ach anois, múscail thú féin! 'Bhfuil tú réidh, a Dan?

TESS: Fan go fóill ... cad a dhéanfaidh sé má stopann an slua ag an gcrosaire é?

DAN: Stopfaidh siad mé cinnte agus beidh ceisteanna acu orm.

TESS: Caint Bhleá Cliath ar fad atá aige. Aithneofar é sin láithreach. *[Clúdaíonn sí a haghaidh lena lámha]*. Bás gan sagart! Ní hea, gheobhaimid réiteach éigin, gheobhaidh Katie ...

KATIE: Tabhair nóiméad dom, sea, nóiméad ...

[Díreach ag an bpointe seo tagann Cáit isteach agus í athraithe ar fad – a cuid gruaige, gúna, bróga; baineann sí stangadh as an mbeirt bhan. Tá sí sámh inti féin ach fós iarsma den tsean-Cháit inti].

KATIE/TESS: A Cháit!!

CÁIT: Bhí mé ag an mbaisteadh.

TESS: Do chuid éadaigh – an gúna san, an gorm san, a Cháit!

KATIE: A Cháit, do chuid gruaige!

DAN: Hé, a Cháit, tánn tú ár leagadh amach!

CÁIT: Ó, ba dheas uait é sin a rá, a Dan, agus Tess, agus Katie, go raibh maith agaibh. *[Téann sí go dtí an doras, stopann is féachann ina timpeall, rud a thugann Katie faoi deara]*. Beadsa ... tá cúpla ...

KATIE: Níl Mait i bhfad uainn mar tá a chapall sa scioból – ó, seo chugainn é.

TESS: A Cháit, hula hul!

CÁIT: *[An-íseal]*. Hula Hul! *[Exit]*

DAN: Cad é an hula hul seo?

TESS: Deir lucht fiaigh é nuair a chíonn siad an madra rua. Agus nuair a bhíonn fear ag dul chun a chailín a fheiscint, deireann sé é.

KATIE: Sin é é, a Dan – abair Hula Hul!

DAN: *[Go lagbhríoch]*. Hula Hul!

KATIE: Abair mar sin é agus tánn tú marbh. Cuir do chroí ann

DAN: *[Níos bríomhaire].* Hula Hul!

TESS: Tá an ceart agat, osclóidh sin slí duit. Níos láidre!

DAN: Hula hul!

KATIE: Go maith – má stoptar thú, abair Hula Hul! Agus tabharfar slí duit. Éalóidh tú soir.

[Tagann Mait isteach, a chóta mór ar a ghualainn aige, agus dea-ghiúmar air – agus níl aon rian meisce air].

TESS: Ó, tá Lord Byron díreach tar éis Lady Byron a chailliúint.

MAIT: *[Beannaíonn sé do gach éinne lena lámh chlé].* Lady Byron, oireann sé di. Go raibh maith agat, a Tess. Bhí mé ag an mbaisteadh. Tá súil agam ná cuireann sé isteach oraibh má deirim uaireanta gur mé Lord Byron. *[Siúlann sall is caitheann é féin ar an tolg].* Is minic mé am' cheistiú féin an corp mé nó an anam mé? Cé acu? An ndeineann sibh machnamh mar sin riamh? An dóigh libh go mbíonn na hanamnacha ag taisteal ó chorp go corp?

DAN: Níl siad chomh craiceáilte san.

MAIT: *[Ag gáire].* Agus ós rud é gur tiarna mé, an gceapann sibh go bhfuil anam tiarnúil agam? Agus ós rud é gur lucht sléibhte sibhse, an dóigh libh go bhfuil anam sléibhtiúil agaibh? *[Leanann tost fada é seo].*

DAN: I ndáiríre, a Mhait, an gceapann tú gur tú Lord Byron?

MAIT: *[Tost; ansin éiríonn sé].* B'fhéidir nach mé. Ach tá rud amháin cinnte, am éigin san am atá caite do bhí ag an mbeirt againn an t-anam bacach céanna. *[Tá sé anois i réaltacht eile agus é ag reic an dáin].*

The Assyrian came down like the wolf on the fold,
And his cohorts were gleaming all purple and gold;
And the sheen of his spears were like stars on the sea,
As the blue wave rolls nightly on deep Gallillee.

[Suíonn sé arís ar an tolg]. A leithéid de dhán! *[Titeann a chodladh air; tá tost ann go dtí go dtosnaíonn ar bheith ag sranntarnach].*

KATIE: A Dan, caitheann tú imeacht láithreach.

DAN: Cad mar gheall ar an hula hul seo?

TESS: Hula Hul, 'sea, oibreoidh sé, tá Katie chomh cliste sin. Má bhíonn slua ag an gcrosaire abair é go tapaidh agus tabhair na spoir don láir agus, in ainm Dé, ná stop.

KATIE: Ná stop. *[Tugann siad giuirléidí dó. Ag an doras, féachann siad ar a chéile].*

TESS: *[Creathán ar a guth].* Go dté tú slán, a Dan. Braithfimid ... braith ...

KATIE: Braithfimid uainn thú gan dabht.

[Teannas agus iad ag glinniúint ar a chéile. Beireann Tess ar Dan agus brúnn sí amach an doras é. Ag an doras tugann sé féachaint amháin orthu is imíonn sé. Fanann an bheirt go huaigneach i mbéal an dorais. Gan choinne tagann sé ar ais mar thaibhse agus scairteann amach in ard a chinn 'Hula Hul!' *Beireann an triúr ar a chéile is seo iad ag damhsa timpeall i bhfáinne. Ansan imíonn sé. Fanann siad i mbéal an dorais go dtí go gcloiseann siad crúba an chapaill ar chlocha an chabhsa agus ansan sna cosa in airde amach ar an mbóithrín, agus ansan go dtí go n-éagann miotal na gcrúb i gcéin. Tosnaíonn Tess ag gol].*

KATIE: Ná tosnaigh nó tosnóidh mise.

TESS: Tá machnamh déanta agam ar Bhleá Cliath. Ní hé go bhfuil sé i bhfad uainn – níl sé ach tamall suas an bóthar.

KATIE: Is domhan eile é.

TESS: Raghaidh mé suas ann! A Katie, 'bhfuil puinn airgid agat?

KATIE: Bhíos ag feitheamh leis sin.

TESS: Cúpla lá ó shin chuir Dan ceist orm canathaobh go mbíonn cúrsaí grá chomh casta san i gcónaí.

KATIE: Ins an saol seo ní fhaigheann tú aon rud ar phláta ach cabáiste. *[Tost].* Ceist agam ort, a Tess, canathaobh gur thóg sé chomh fada san ar an dochtúir teacht anso?

TESS: *[Ag iarraidh bheith nádúrtha].* Tá's agat, an fliú, TB, sneachta, an cogadh.

KATIE: 'Sea, ach bheadh focal éigin curtha thar n-ais chugainn acu – rud nár dhein. *[Tost fada].* Chuiris fios ar an dochtúir? Nár chuir?

TESS: *[An-íseal].* Chuir. *[Tá sí ag féachaint ar an urlár].*

KATIE: *[Leanann Katie den stánadh uirthi, rud atá an-dian ar Tess].* 'Sea, do chuiris, nár chuir? *[Tá an freagra an-mhall ag teacht].*

TESS: Chuir. *['Sé an tost a chloíonn Tess mar tosnaíonn sí ag smugaíl ghoil].*

KATIE: An bhfuil tú as do mheabhair? *Gangrene* ar an gcréatúr san agus é i mbéal a bháis cheal dochtúra. *[Siúlann sí sall go dtí Tess atá sínte ar an tolg is seasann sí os a cionn].* Níor ghlaoigh tú ar aon dochtúir. Dein an méid sin a admháil.

TESS: An dóigh leat go mbainfidh sé an t-ospidéal amach? *[Éiríonn Tess go deorach].*

KATIE: Bainfidh, má tá Dia agus na haingil go léir ina ndúiseacht. *[Caitheann Tess í féin thar n-ais ar an tolg].* Tá's agam cén fáth nár ghlaoigh tú ar an dochtúir. *[Tost agus díríonn Tess aníos beagán].* Níor ghlaoigh tú air mar mheas tú go ndéanfá féin banaltras ar Dan níos fearr ná an dochtúir.

TESS: *[Tá Tess an-sásta leis an tuairim seo. Éiríonn sí is beireann an bheirt barróg ar a chéile. Go hobann chíonn Tess an paiste a chaith Dan uaidh ar an mbord agus ritheann sí sall chuige].* Dhein sé dearmad air seo ... táim chun é a chaitheamh agus ní bhainfead díom go deo arís é.

KATIE: Tá sé go hálainn ort – cá bhfios ná gur faisean é! *[Tosnaíonn Tess ag cuardach na bpócaí ina haprún is tógann amach paiste dubh eile. Tógann Katie uaithi é is cuireann uirthi é agus déanann í féin a iniúchadh sa scáthán].* Hé, is maith liom é seo – caithfidh mé é.

TESS: *[Tosnaíonn an bheirt acu ar phramsach leis na paistí a thaispeáint].* An bhfaca tú riamh éinne chomh hálainn leis? *[Cuimhníonn sí go bhfuil sé imithe].* D'fhágamar slán lena chéile ach ... ní raibh sé sásúil. 'Sé sin ní raibh sé i gceart, an slán.

KATIE: 'Séard atá á rá agat ná nár chóir domsa a bheith ann?

TESS: Bhuel, bhí an bheirt againn speisialta, tá's agat. Speisialta, an bheirt againn speisialta.

KATIE: An bheirt agaibh, ní an triúr againn? Agus ní raibh mise speisialta. 'Sea, Katie an torpán agus Tess an spéirbhean! Nach deas socair an scéal é!

TESS: Níor dhein sé ach imeacht ar a chapall sna cosa in airde. Níor phóg sé mé, go fiú. *[Éiríonn sí an-anamúil].* Tá capall uaim, táim chun éalú liom sna cosa in airde i gcoim na hoíche. Táim chun dul i bhfad ó bhaile, chomh fada san ó bhaile nár chuala éinne an logainm Cillín Mhuirisín! A leithéid d'ainm! Dá mbeinn ag rince i gCill Airne: *'Fwhere u from?' 'I'm from Kileenvirisheen.' 'O, I never heard of that place.' B'fhearr liom go mór 'Fwhere u from? Oh, Buckingham Gardens, and fots ur name?' 'Tess Donnolly.' Ó, is breá liom é sin, Tess Donnolly from Buckingham Gardens.*

KATIE: Agus seo Katie Henderson from Ulverton Avenue, Rathgar.

TESS: Cén fáth go bhfuil tú ag gol?

KATIE: Ó, 'sea, tuigim. Níl cead agamsa mothúcháin a bheith agam. 'Sea, tuigim, ní raibh mise i ngrá leis.

TESS: Táimse i ngrá leis. Agus tá seisean i ngrá liomsa. Táim cinnte de.

KATIE: A Tess, is mar a chéile an grá agus peata muice, tagann sé is imíonn sé.

TESS: Teastaíonn uaim dul go Bleá Cliath.

KATIE: Agus bualadh ar a dhoras. Agus nuair a chíonn sé cé atá aige, agus go bhfuil tú as do mheabhair, tiocfaidh scanradh air.

TESS: 'Bhfuil airgead agat? Díolfaidh mé thar n-ais thú.

KATIE: Tá airgead agam ort cheana féin, seacht scillinge déag agus dhá thoistiún. *[Cloistear daoine ag caint is ag screadach lasmuigh]*. Cad é an rírá san? *[Osclaíonn siad an doras agus cloistear caint is daoine ag rá 'gCuala sibh? Tá an cogadh thart! Tá! 'Sea! Gan dabht, etc]*. Tá an cogadh thart! Cé a déarfadh é?

TESS: Ní chreidim iad. An fíor é?

CÁIT: *[Ritheann Cáit isteach]*. Tá an cogadh thart! Ar mo leabhar, is fíor é! Thart, thart, thart!!!

KATIE: Tá an cogadh thart – cé a bhuaigh?

CÁIT: Cé a bhuaigh? Ní dúirt éinne. B'fhéidir nár bhuaigh éinne, b'fhéidir gur chaill an dá thaobh.

TESS: Rincí agus damhsaí móra, hurá! Ó, a thiarna, níl aon ghiobal agam le caitheamh!

KATIE: Beidh na siopaí ag líonadh le stuif!

CÁIT: Gheobhaidh do dhaid nimh francach arís.

KATIE: Agus gheobhaidh Mam cipíní solais agus bioráin ghruaige – féach na comharsana go léir! *[Exeunt an bheirt]*.

MAIT: *[Dúisíonn sé agus cuimlíonn an codladh as a shúile lena lámha]*. Cad é? Cad a tharla?

CÁIT: Tá an cogadh thart!

MAIT: *[Éiríonn sé ar leathuillinn]*. Thart! An cogadh? *[Leath ina chodladh fós]*. An cogadh thart! *[Léimeann sé in airde]*. An fíor san? *[Suíonn arís]*. Thart! *[Léimeann aníos arís]*. A Cháit, tá an scéal athraithe. Na capaill! *[Bailíonn sé a chuid giuirléidí]*.

CÁIT: *[I gcogar].* Gach rud athraithe? *[Ceapann sí ná beidh sí páirteach san athrú seo agus titeann an seanduairceas uirthi an athuair, í cloíte ag an saol arís – deargstangadh bainte aisti. Éiríonn sí lag – titeann an máilín uaithi. Braitheann sí go bhfuil sí ar tí titim i laige. Suíonn sí go mall. Tuigeann sí gach rud anois. Cluiche a bhí ann. Agus Mait, mar dhea – chaill sí an cluiche].*

MAIT: Caithfeadsa dul abhaile láithreach.

CÁIT: *[Deineann a liopaí an focal 'abhaile' a mhúnlú ach ní chloisimid í].*

MAIT: 'Sea, dul abhaile. *[Beireann sé ar lámh léi].* Ach ní bhead ag dul im' aonar! *[Cuireann Cáit cluas uirthi féin].* Beidh scór capall agam ... *[Tá Cáit réidh le titim – leath-thiteann sí ach beireann Mait uirthi ina ghabháil].* Beidh tusa liom, a Cháit; nílim chun dul ann gan tú.

CÁIT: Mise?

MAIT: Tusa, gan dabht, míle uair. A Cháit, bhí an-éileamh agam ort an oíche fé dheireadh. *[Téann a lámh i ngleic lena cuid gruaige].* Bhí mé ag caint cois tine lem' dhaid agus bhí sé ag caint ar a shaol féin á rá go raibh sé aisteach agus, arsa mise leis, 'Sin cinniúint'. 'Conas cinniúint ?' ar seisean. Ní raibh mé ábalta é a mhíniú. Sin é an uair a bhraith mé uaim thú. Theastaigh uaim go mbeifeá suite ar an gcathaoir taobh liom.

CÁIT: *[Tost fada. Tógann sí a ceann agus scarann siad].* Ó, bhí sé sin an- ... mise ar an ... gcathaoir ... taobh leat. *[Titeann an mála óna lámh; cromann Mait is tugann thar n-ais di é].*

MAIT: Cad tá ann?

CÁIT: Mo chuid *penny dreadfuls*.

MAIT: Cad tá iontu?

CÁIT: Táid go léir mar an gcéanna, mná a thiteann dá gcapaill ag lorg grá.

MAIT: An bhféadfá *penny dreadful* a bheith agat mar gheall ar fhear a raibh an cam reilige ann ag titim i ngrá le cailín aimsire a bhí an-mhór le buicéad?

CÁIT: Braitheann sé ar dheireadh an scéil.

MAIT: Tá gaois agat. Cad tá le déanamh agam chun bheith cosúil leat?

CÁIT: Buicéad a bheith agat go ceann tríocha bliain.

MAIT: D'inis mé dom' dhaid faoin iora rua, agus tá sé chun ceann a fháil duit.

CÁIT: Ba bhreá liom ceann i gcomhair lae amháin.

MAIT: *[Beireann sé ar lámh uirthi arís].* A Cháit ... Ba ... bhuel, 'sea, a Cháit, caithfidh tú teacht go dtí mo thighse – go deo!

CÁIT: Go deo! Ach tá obair le déanamh agam ...

MAIT: Na muca? Huth! Tá sé in am agat do thighín féin a bheith agat, a Cháit, agus os a chionn in airde do chuid spéire féin. Mar a deirimid im' ghleannsa, an spéir os cionn do thí féin is leatsa í. *[Tá laige uirthi agus ní deir sí aon rud].* B'fhéidir go bhfuil slí níos fearr chun é a rá, ach, a Cháit, ní féidir liom dul abhaile im' aonar – mar tá rud éigin aisteach tar éis tarlúint dom.

CÁIT: Tá súil agam nach aon ...?

MAIT: Le cúpla lá anuas táim ... táim trína chéile.

CÁIT: Conas?

MAIT: An Déardaoin seo caite dhearmad mé uisce a thabhairt dos na capaill. Bhíodar leathmharbh.

CÁIT: Ó, a Mhait, inné níor thugas aon bhia dos na mucaibh.

MAIT: Cad tá ag tarlúint dúinn? Capaill is muca! Ciceálfar an t-anam asainn nó íosfar sinn. Ceapaim go bhfuil baint aige le ...

CÁIT: Le...?

MAIT: Leis an mbeirt againne.

CÁIT: An mbeadh sé sin go huafásach?

MAIT: Bheadh sé go diail ar fad! A Cháit, a chroí, táim meallta agat. Ní rabhas riamh chomh meallta.

CÁIT: *[I gcogar mar tá eagla uirthi go ligfear síos arís í].* Meallta!

MAIT: Nílim meallta ag aon rud eile sa saol so – ach b'fhéidir an Splinc, mo ghleann féin agus gach tor aitinn is gach crann cuilinn atá ann.

CÁIT: A Mhait, táimse meallta chomh maith ach b'fhearr liom labhairt faoi amach anso.

MAIT: A Cháit Murphy, táim trína chéile agat. *[Tost].* Agus is breá liom é. An fear ná fuil trína chéile is duine uaigneach é.

CÁIT: Táimse trína chéile chomh maith.

MAIT: Bhí saol trína chéile ag an mbeirt againn. Sinne, a Cháit, lucht trína chéile, tuigimid an saol níos fearr ná na saibhre. *[Beireann sé uirthi ina ghabháil, is baineann fáisceadh aisti].* An bhfuil a fhios agat, a Cháit, an bhean deiridh gur rug mé barróg uirthi – ba í mo mháthair í. Dá mbeadh a fhios san ag na comharsana anso timpeall bheinn millte acu.

CÁIT: A Mhait, tá an bheirt againn millte cheana féin.

MAIT: Is beannaithe iad san atá millte mar ní féidir iad a mhilleadh an dara huair. A Cháit, thit an bheirt againn dár gcapaill uair éigin, ach anois tá sé in am dul ar muin arís. A Cháit, táim go mór i ngrá leat.

CÁIT: I ngrá liom! *[Tost].* 'Bhfuil tú ... cinnte?

MAIT: Conas a d'fhéadfainn a bheith cinnte? Níor bhraitheas riamh cheana mar seo.

CÁIT: Táimse mar an gcéanna.

MAIT: Tusa freisin? Déanfaimid damáiste le chéile!

CÁIT: B'fhéidir go bhfuil sé in am beagán damáiste a dhéanamh.

MAIT: A Cháit, ba mhaith liom tú a phósadh, roimh nó i ndiaidh an damáiste. *[Tá a béal ar leathadh le hiontas, is deineann sí iarracht ar éalú ach tá sé roimpi]*. Caitheann tú na muca a dhéanamh? *[Deineann sí iarracht breith ar an mbuicéad]*. Tánn tú fós ag breith ar bhuicéid!

CÁIT: Tugann sé misneach dom.

MAIT: *[Ardaíonn sé an buicéad ar aon leibhéal le súile Cháit]*. A Cháit, deireadh leis an mbuicéad! *[Titeann an buicéad go tormánach. Féachann an bheirt acu síos air]*.

CÁIT: *[I gcogar]*. Deireadh leis an mbuicéad? An brionglóid í seo?

MAIT: B'fhéidir. Cad a bhíonn i do chuidse brionglóidí?

CÁIT: *[Tosnaíonn sí ar bheith ag crapadh binn dá blús]*. Deacair a rá ... ach, is dócha, seilbh a bheith agam ar rudaí – rudaí mar scuabanna.

MAIT: Seilbh a bheith agat ar scuab! *[Deineann sé gáire ach éiríonn as go tapaidh]*. Agus cheapamar go rabhamar bocht. An gcreidfeá é, bhíomar chomh bocht san go raibh na spúnóga go léir a bhí againn gearrtha i dtreo is nach n-íosfaimis an iomarca.

CÁIT: Á, 'sea, ach bhí spúnóga agaibh!

MAIT: *[Tógann sé a lámha san aer chun a rá go bhfuil sé ag géilleadh di]*. Á, an abhainn a ritheann fén abhainn! A Cháit, luaigh tú scuabanna ó chianaibh – bhuel, tá mo thighse lán de dhamháin alla! *[As seo amach tá sceitimíní uirthi]*.

CÁIT: Do thighse! Leat féin? *[Croitheann sé a cheann uirthi; sclogann sise]*. Led' athair?

MAIT: Tá a thighín féin ag mo dhaid tamall síos an bóithrín. Tá mo thighse lán de leabhartha, ach níl aon *penny dreadful* orthu ...

CÁIT: Tá tigh agat! Agus doras? Do dhoras féin!

MAIT: Gan dabht, cad eile.

CÁIT: Má éirím as na buicéid titfidh mé i ngrá le doirse! Cén dath atá air?

MAIT: Dath an cheo! Ach níl aon bhosca litreacha air. An fear a dhein an doras an chéad lá, ní raibh ciú ná ceá aige.

CÁIT: Cén saghas é do dhaid?

MAIT: Daid? Fear uasal amach is amach é. Tá's agat, an chéad duine a chífeadh luch ach an duine deireanach a déarfadh é.

CÁIT: A Mhait, tá mar a bheadh scanradh orm go ... n-imeoidh tú ... le gaoth orm.

MAIT: *[Téann sé chuici is beireann barróg uirthi].* Táim chun imeacht le gaoth, agus tusa in éineacht liom. Tá na capaill lasmuigh agus iallaití orthu is iad réidh chun imeachta, agus 'sí riail a haon ná 'Ná tit ded' chapall'. Mar, a Cháit Murphy, stopann an *penny dreadful* díreach anso.

CÁIT: Díreach anso. *[Exeunt beirt].*

[Tar éis tamaill, seo isteach Tess agus fuadar fúithi].

TESS: A Katie, a Katie! *[Ligeann sí uirthi go bhfuil sí ag pramsach agus paiste Dan ar taispeáint aici. Ansan iniúchann sí buicéad Cháit, agus baineann sí cairdeagan di is caitheann uaithi sa chúinne é. Mar an gcéanna leis an gcaifirín. Isteach le Katie agus gearranáil uirthi].*

KATIE: *[An paiste súl uirthi fós agus sceitimíní éigin uirthi].* A Tess, éist leis seo! Ní chreidfidh tú é, ach bhí mé ag gabháil síos tríd an sneachta nuair cad a chífinn romham síos ach an fear so agus ní ag siúl a bhí sé in aon chor ach gach aon truslóg fathaigh aige – tunc, tunc, tunc, díreach mar seo *[Tugann sí coiscéimeanna fada móra chun cur síos ar mo dhuine].* Seo duine ... fear mór breá láidir. Ó, bhí sé láidir gan aon dabht agus seo mise ina dhiaidh síos, beagnach ag rith chun breith suas leis agus, go hobann, stad sé is chas sé is d'fhéach sé orm agus, éist, cé a bhí ann ach Joe Jimmy Joe! Ar mo leabhar! Baineadh stangadh asam.

TESS: *[Beagnach ag béiceach].* Joe Jimmy Joe! Is fear beag é, ní fathach é agus siúlann sé mar seo *[Tugann sí coiscéimeanna beaga meara trasna an stáitse].* In ainm Dé, a Katie, cad tá ort?

KATIE: Ní fhaca tú i gceart é! Féach an dara huair air – is duine iontach é. Nuair a chonaic mé ansan sa sneachta é bhí a fhios agam go bhféadfadh sé aghaidh bhéil a thabhairt ar an domhan iomlán. Agus ormsa. Fathach! *[Siúlann sí go dtí Tess bhocht atá trína chéile agus deireann léi i gcogar].* Tuigim anois conas a bhraith tusa an lá ar bhuail tú leis an tarbh agus anáil the á séideadh aige ar d'ioscaidí i bpáirc Sheancháin.

TESS: *[Clúdaíonn Tess a haghaidh lena lámha].* A Katie, mo dheirfiúirín a bhí, an bhfuil tú as do mheabhair ar fad?

KATIE: A Tess, d'fhéach sé an-dathúil!

TESS: Joe Jimmy Joe dathúil! Más fíor san caithfimid an tír seo a fhágaint. Níl aon oidhre air ach doras chró na mbó.

KATIE: Tá siad go léir thíos ag an gcrosaire. *[Tost fada].* Ó, a Dhia na bhfeart, caithfead dul síos go tapaidh nó gheobhaidh bean eile é. Ach níl aon rud le caitheamh agam ... Fan go fóill, tá an gúna dubh ann agus an blús gorm, *no,* ní hea – an blús bán. Taispeánann an blús bán go maith a bhfuil le tairiscint agam don saol mór. *[Ritheann sí amach ach tar éis cúpla soicind seo ar ais í, agus baineann sí di an paiste súl is caitheann ar an mbord é].* Ní bheidh aon ghá agam leis seo thíos ansan. *[Exit]*

[Fanann Tess sínte ar na saic tamall fada go dtí go dtagann Cáit isteach].

TESS: Ó, a Cháit, táim díreach ar tí mo dheirfiúr a chailliúint! Is mar seo a tharlaíonn sé: an lá ar fad an tsean-Katie, í lán de spórt is de ghiodam, is laistigh de chúpla nóiméad sa tráthnóna, cailleann tú mar sin í. *[Buaileann sí a dhá lámh le céile]*. Joe Jimmy Joe! Ó, a Dhia, abair ná fuil sé fíor! Ach braithim ar an ngaoth é. *[Caitheann sí í féin thar n-ais ar na saic]*.

CÁIT: Is maith liom an paiste súl, a Tess – oireann sé duit. *[Tost]*. An bhfuil a fhios agat cén fáth go bhfuilim anso? An bhfuil aithne agat ar Shéamas Ó Ceallaigh ón mBuaile? *[Cnead ó Tess ach ní éiríonn sí]*. Bhís ar scoil leis ...

TESS: *[Fós sínte]*. É marbh sa chogadh, nó leis an bhfliú, nó TB?

CÁIT: Ní hea. Tá sé thar n-ais ón gcogadh – beagáinín bacach ach beidh sé i gceart arís gan aon mhoill.

TESS: *[Sínte ach tá tost agus teannas obann ann]*. Beidh sé i gceart!

CÁIT: Anois, a Tess, 'sé an fáth go bhfuilim anso ná go raibh sé ad' fhiafraí. *[Teannas níos déine; Tess ina suí go mear]*. Theastaigh uaidh a fháil amach an ...

TESS: A Cháit, cad é in ainm Dé?

CÁIT: ... an raibh tú ag siúl amach le héinne.

TESS: *[Preabann sí amach go lár an urláir]*. Ta súil agam nár luaigh tú ...

CÁIT: Níor luaigh mé an saighdiúir, ná éinne. Dúirt mé go raibh tú id' aonar agus go mbeadh áthas ort a chloisint go raibh sé thar n-ais.

TESS: Ó, dúirt tú an rud ceart, a Cháit, go raibh míle maith agat. Agus tá sé sin fíor ar fad. Fear breá é Séamas. An raibh sé ...

CÁIT: An raibh sé ina aonar? Bhí.

TESS: *[Ag ligean uirthi ná fuil spéis aici ann]*. Bhuel, is dócha nach raghadh sé amú dá ndéarfainn heileo leis – 'sé sin, má chastar ar a chéile sinn. Ach níl agam ach na giobail seo, an sciorta ...

CÁIT: Tánn tú go breá mar a tánn tú. Tá sé thíos i dtigh Chéilleachair leis an gcuid eile.

TESS: An chuid eile?

CÁIT: 'Sea, Kit Thomáis Dhónail agus iad san.

TESS: Kit ... 'bhfuil a fhios agat, b'fhéidir go dtógfaidh mé an t-aer agus ... *[Éalaíonn sí amach]*. Go raibh maith agat, a Cháit. *[Exit. Tagann sí ar ais, baineann an paiste di is caitheann ar an mbord é ansan. Exit arís. Cloistear a coiscéimeanna ag rith síos ar chlocha an chabhsa]*.

Cáit ar stáitse ina haonar. Baineann sí sásamh as. Éiríonn sí is tá sí ar tí imeacht nuair a chíonn sí an buicéad. [Spotsolas]. Féachann sí síos air is siúlann sí ina thimpeall cúpla uair; ansan buaileann sí cic láidir air a chuireann síos go bun an déirí é le trup agus torann. Baineann an torann geit aisti is cuireann sí a lámh lena béal go dtí go bhfilleann a hiontaoibh arís. Ansin beireann sí ar a mála is siúlann sí amach. Fanann an spotsolas ar an mbuicéad. Ansan, gan choinne, tagann Cáit thar n-ais ar a barraicíní, beireann ar an mbuicéad is cuireann isteach sa mhála é. Ansan agus aoibh an-sásta ar a haghaidh siúlann sí amach.

A CHRÍOCH SAN